Pasión por el
patchwork

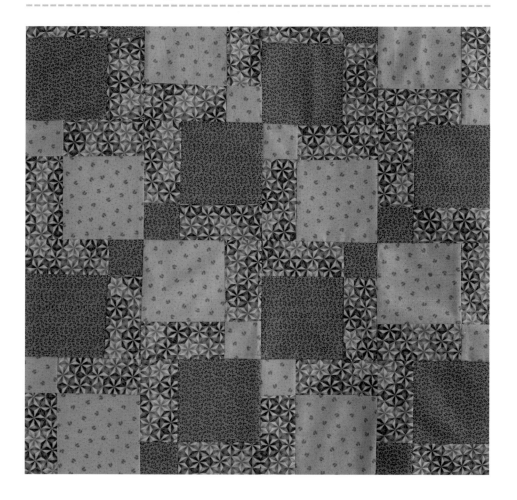

Pasión por el
patchwork

**18 PROYECTOS SENCILLOS
PASO A PASO**

LIBSA

© 2012, Editorial LIBSA
C/ San Rafael, 4
28108 Alcobendas. Madrid
Tel. (34) 91 657 25 80
Fax (34) 91 657 25 83
e-mail: libsa@libsa.es
www.libsa.es

ISBN: 978-84-662-2549-6

Derechos exclusivos de edición para todos
los países de habla española.

Traducción: Marina Ruiz Fernández

© MMX, New Holland Publishers Ltd.

Título original: *Love Quilting*

Contenido

Introducción

Aunque los diseños con *patchwork* han sido creados desde antes del siglo
XVII, este tipo de artesanía suele relacionarse con los colonos de América,
quienes, por necesidad, debían aprovechar cada pieza de tela de la que
pudiesen disponer para coser *quilts* a fin de que sus familiares no pasaran
frío en los inviernos más duros. Es posible que los bloques de piezas, tan
asociados con el *patchwork* americano, fuesen creados originalmente para
coser mientras realizaban largos trayectos en busca de un nuevo hogar.
Durante las celebraciones bicentenarias de la independencia americana,
hubo un gran resurgimiento de esta artesanía, dando lugar a la actual
industria del *quilting*.

Esta industria y sus artesanos han desarrollado una gran variedad
de herramientas que permiten que el trabajo se realice de una manera más
rápida y sencilla. Estas herramientas no solo agilizan el proceso, sino que
permiten mayor precisión en los cortes y medir las telas con mucha más
exactitud, consiguiendo que el trabajo de *patchwork*
tenga un acabado profesional.

En los proyectos incluidos en este libro se enseña a utilizar estas técnicas y
herramientas. En cada proyecto se explora una variedad de técnicas
modernas y tradicionales, incluyendo aplicaciones y otros motivos
decorativos, así como acolchados a máquina. Los proyectos abarcan desde
colchas y mantas para la cama hasta perchas y manteles.

Tanto si se quiere utilizar piezas cuadradas o pequeños rollos de tela,
o simplemente disponer de un fondo de diferentes retales, los *quilts* o
patchwork mostrados en este libro han sido diseñados para poder utilizar
estas pequeñas piezas de tejido. Los proyectos se adaptan a diferentes
grados de dificultad y todas las técnicas están claramente explicadas.

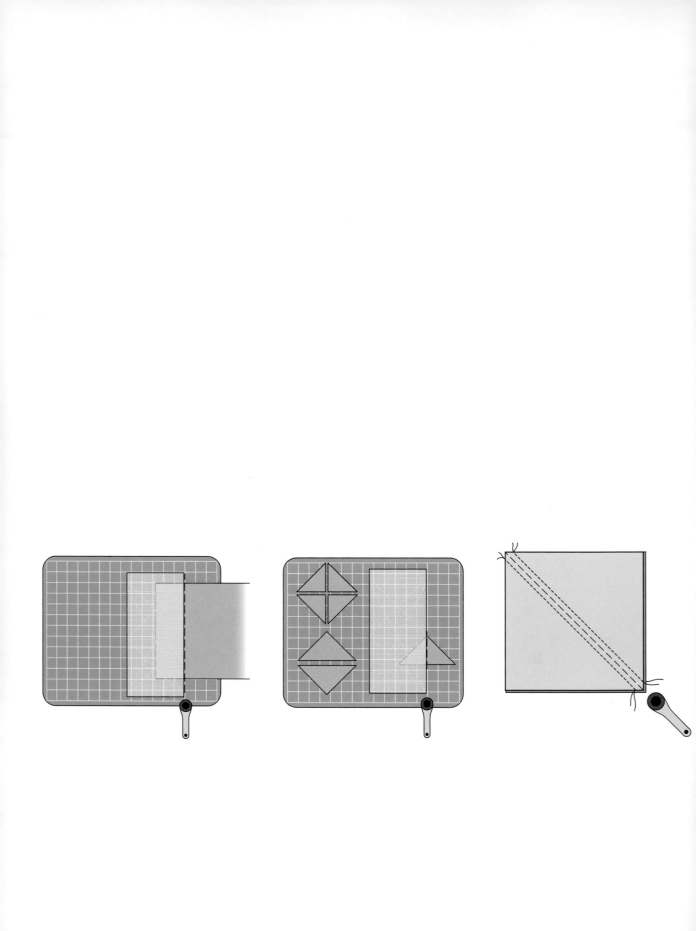

Nociones básicas

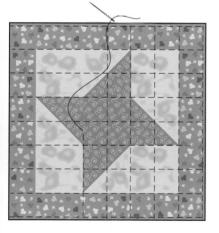

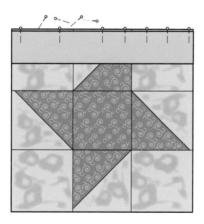

Materiales

TELAS DE «PATCHWORK»

Las telas de trama tupida,100% algodón, son con las
que mejor se trabaja. Se «adhieren» muy fácilmente, lo que
favorece el corte y que se puedan coser firmemente, sin
deshilacharse.También son muy fáciles de planchar. Las
tiendas de *quilting* o *patchwork* suelen disponer de una
fantástica gama de telas, tanto en colores lisos como
estampados. Como normalmente el ancho de las telas suele
ser de 115 cm, casi todos los proyectos del libro se basan en
esta medida.

FORROS Y RIBETES

Los forros y ribetes deben ser del mismo tipo y peso que la tela
utilizada en la parte externa del *patchwork*. Pueden ser de un
color que combine, o bien hacer un fuerte contraste.
Podríamos arriesgarnos y hacer la parte trasera con retazos
para confeccionar un *quilt* reversible En cualquier caso, el color
de los ribetes tiene que combinar tanto con el diseño de la tela
superior como con el del forro.

GUATA

Hay diferentes tipos de guata: algodón, poliéster, lana o
mezcla. Además de las medidas precortadas, que suelen ser
apropiadas para *quilts* de cunas y camas, también podemos
pedir que nos la corten con una medida determinada. Hay
guatas de diferente densidad y grosor, dependiendo de cómo
queramos que quede el acolchado de nuestro *quilt*. La guata
de poliéster ligera suele ser la más usada, pero la de lana o
algodón es más fácil de utilizar si se va a acolchar a mano.
Con algunas guatas hay que realizar un acolchado muy
menudo para evitar que se frunzan, mientras que otros
pueden acolcharse cada 8 o 20 cm. En caso de duda
conviene seguir las instrucciones del fabricante.

CANTIDAD

La cantidad de tela necesaria viene descrita al inicio de cada
proyecto. Las medidas han sido calculadas añadiendo un poco
de tela extra por si fuera necesario. Para la realización de
algunos *quilts* es necesario cortar primero la tela a lo largo,
para después cortarla a lo ancho, para aprovecharla al
máximo.

A no ser que se indique lo contrario, cuando el largo necesario
de la tela sea de 25 cm se trata de un *long quarter* y no de un
fat quarter, que sería una pieza de 50 x 56 cm.

PREPARACIÓN

Es importante lavar las
telas antes de usarlas para
eliminar el exceso de tinte y evitar que encojan después de
realizar la labor. Lavar la tela no solo la encoge desde el
principio, sino que facilita el trabajo posterior con ella.

Hay que lavar cada pieza por separado y aclararla hasta que
no destiña en el agua. En caso de lavar la tela en la lavadora,
cortaremos un trozo de tela blanca y la pondremos a lavar
junto con la tela principal. Después de lavarlas, se comparará
el trozo de tela blanca con su color blanco original: si sigue
igual es que la otra tela no destiñe. Si algún tejido en particular
sigue destiñendo se haga lo que se haga, pero se quiere usar
de todos modos, habrá que lavarlo junto con pequeños trozos
de las otras telas con las que se vaya a combinar. Si estas
telas conservan su color original, se pueden usar. En caso de
duda lo mejor es no arriesgarse.

Una vez las telas estén lavadas, y antes de que se hayan
secado por completo, hay que plancharlas y doblarlas de
orillo a orillo (igual que venían antes de lavarlas) a fin de
prepararlas para cortarlas. Es necesario asegurarse
de doblarlas rectas, de modo que los orillos coincidan
uniformemente, aunque las líneas de corte no sean
paralelas (extremos), pues esto puede solucionarse
posteriormente.

HILOS

Para coser a máquina se usan hilos poco gruesos. Para
acolchar a mano es mejor optar por hilos especiales de
acolchado, que son más gruesos que el hilo de coser corriente.
Algunos hilos son 100% algodón, y otros tienen el núcleo de
poliéster y están forrados de algodón. Se pueden emplear hilos
que contrasten o que combinen con la tela que vayamos a
utilizar. También se puede usar hilo multicolor para darle un
toque original a la labor. Se puede usar el mismo hilo para toda
la labor de *patchwork* o ir cambiando según nuestros gustos. Si
no se va a acolchar el *quilt* para atarlo con lazos o cintas es
conveniente utilizar un hilo más grueso, como puede ser el de
perlé o hilo de bordar.

Equipo

El uso de algunos utensilios ha revolucionado por completo el mundo del *patchwork*. La cuchilla circular o cúter junto con la regla de plástico transparente y la alfombrilla o la plancha de corte sintética han conseguido que el proceso de cortar las telas sea más rápido y resulte más sencillo cortar las piezas y formas con precisión. Con la utilización de la máquina de coser, las piezas y el acolchado del trabajo final también resulta más fácil y rápido.

MÁQUINAS DE COSER

Las máquinas de coser sofisticadas y computerizadas cada vez son más accesibles, pero incluso una máquina de coser que solo sirva para dar puntadas rectas acelerará el proceso de costura y acolchado considerablemente. La mayoría de las máquinas de coser permite dar puntadas en zigzag, perfectas para coser aplicaciones, pero con las que disponen de puntadas decorativas se consiguen acabados más vistosos.

MÁQUINAS DE BRAZO LARGO PARA «QUILTING»

Estas máquinas son las que utilizan los *«quilters»* (profesionales del *patchwork*). Hay una gran variedad. Una de las ventajas de este tipo de máquina es que las diferentes capas del *quilt* no tienen que sujetarse con alfileres ni hilvanarse antes de comenzar el acolchado: el top (o cuerpo de la labor), el relleno y el forro se montan en rollos separados que forman parte de la estructura de la máquina. Sin embargo, es necesario haber practicado antes para conseguir buenos resultados.

EL CORTE CIRCULAR

El corte circular es el método más empleado para cortar telas de *patchwork*. La mayoría de las herramientas circulares vienen con medidas en pulgadas o métricas.

LA CUCHILLA CIRCULAR O CÚTER

Se fabrica en varios tamaños: grande, mediano y pequeño. La mediana (de unos 45 mm) es la más utilizada, ya que es muy manejable y fácil de mantener pegada al borde de la regla durante el corte. La pequeña es muy útil para cortar piezas de pequeñas dimensiones, pero es difícil de utilizar con una regla. La grande es aconsejable para trabajos de grandes dimensiones y cuando se quiera cortar más de una capa de tela, pero cuesta más trabajo manejarla. Estas cuchillas están muy afiladas, así que tendremos en cuenta

las instrucciones de seguridad. Con el uso frecuente acaban perdiendo el filo, por lo que es conveniente tener varias cuchillas de repuesto. También hay aparatos para afilar las cuchillas.

REGLAS

Hay muchos tipos de reglas para usar con cuchillas rotatorias. Están hechas de plástico rígido y son bastante gruesas para usarlas de guía al cortar con la cuchilla. Es importante no usar reglas metálicas con las cuchillas, ya que pueden dañar el filo. Estas reglas están marcadas con líneas horizontales, verticales y angulares para usar como guía al cortar las telas. Lo ideal es que estas marcas estén en la parte inferior de la regla, impresas con láser y sean fáciles de leer. Los ángulos deben estar marcados en ambas direcciones. Escogeremos la regla que nos resulte más apropiada. Algunas también cuentan con una superficie antideslizante en la parte inferior, muy útil para que no se nos resbale la tela al cortarla.

Las dos medidas más útiles son la regla larga de 60 x 15 cm (con graduación de ángulos de 30°, 45° y 60°), y la regla cuadrada de 15 x 15 cm. Esta última es adecuada para cortar cuadrados que contengan dos triángulos.

BASE DE CORTE

Para cortar con la cuchilla circular y la regla es necesario tener una buena base de corte. No hay que intentar cortar sobre cualquier otra superficie, pues se dañaría esta, además de la propia cuchilla. Las bases de corte se fabrican en distintas medidas y colores. Las más pequeñas son las más cómodas de llevar a clase, pero para usar en casa es mejor comprar la más grande posible, teniendo también en cuenta el lugar de trabajo. Las bases de corte llevan impresa una cuadrícula en una de sus superficies, aunque ambas pueden ser utilizadas. Las líneas de la base de corte no son siempre muy exactas, así que es preferible cerciorarse con las medidas de la regla.

MÁS MATERIAL ÚTIL

El resto del material es muy posible que ya se tenga en casa. El material que se incluye en esta lista es esencial, pero asimismo existe una amplia gama de herramientas especiales diseñadas por profesionales y que sirven para diferentes trabajos. Estas últimas no son necesarias para un principiante, pero pueden ayudar a planificar, cortar y acolchar los diseños.

TIJERAS

Se necesitan dos pares. Unas tijeras grandes y afiladas para cortar la tela, y otras más pequeñas para cortar papel, plástico y guata. Es importante que las tijeras sean de buena calidad.

MARCADORES

Los diseños para los *quilts* se pueden dibujar o calcar en la tela con la ayuda de plantillas. Podemos utilizar diferentes marcadores: lápices 2H; en colores plateado, blanco o amarillo; rotuladores lavables; o plegaderas (que dejan una leve hendidura en la tela). Sea cual sea la elección, antes de utilizar el marcador en el diseño definitivo hay que probarlo sobre una tela para asegurarse de que se limpia.

ALFILERES

De buena calidad, limpios, inoxidables, los alfileres son esenciales para mantener la labor en su sitio al juntar las piezas. Los alfileres de cabeza plana son útiles porque no hacen bulto.

IMPERDIBLES

Son útiles para mantener sujeta la labor, el relleno y el forro antes de acolcharlos, sobre todo si se va a coser el *quilt* a máquina o no se quiere perder el tiempo hilvanando las tres capas. Hay que colocar los alfileres uniformemente a lo largo de toda la tela.

AGUJAS

Para acolchar a mano se utilizan agujas especiales de *patchwork*. Se suele comenzar con agujas del número 8 o 9 para pasar luego al 10-12. Para la máquina de coser, las agujas serán de numeración 70/10 o 80/12.

DEDALES

Se necesitan dos dedales para acolchar a mano. Un dedal se pone en el dedo que empuja la aguja y el otro en el dedo de la mano que queda debajo del *quilt* y que «recibe» la aguja. Podemos encontrar de varios tipos, de metal, de plástico o fundas de piel para los dedos. También hay pequeños parches que protegen el dedo.

BASTIDORES

Los bastidores solo son necesarios si se va a acolchar a mano. Estos sujetan y mantienen tensa una parte del *quilt*, facilitando que el acolchado sea más uniforme. Los hay de muchos tipos y tamaños diferentes, circulares, ovalados o rectangulares, e incluso algunos se mantienen de pie.

Los ovalados son los más fáciles de usar para un principiante. Los de 35 cm o 40 cm de diámetro son los más cómodos de transportar. Cuando el *quilt* está sujeto por el aro del bastidor, la superficie no debe estar tirante, como cuando se emplea para bordar. Si se coloca el bastidor sobre la mesa, hay que poder introducir la tela por el centro del aro con los dedos y tocar la mesa que hay debajo. Si no es así, no se debería proceder a coserlo. Siempre que no se esté trabajando, es conveniente quitar el *quilt* del bastidor para que la tela no se dé de sí ni se deforme.

Técnicas

CORTE CIRCULAR

En este tipo de corte se comienza cortando la tela en tiras, normalmente en el sentido del hilo, y después estas tiras se cortan en cuadrados o rectángulos.

CUADRAR LA TELA

Antes de comenzar a cortar, hay que asegurarse de que la tela esté cuadrada, pues casi nunca presentará las líneas de altura y anchura perpendiculares.

1. Doblar la tela en sentido longitudinal, haciendo que los dos orillos coincidan y colocarla sobre la base de corte. Poner la tela hacia el lado opuesto a la mano que se vaya a usar para cortar. Situar la regla encima de la tela junto al extremo que se quiere cortar, haciendo que quede perfectamente perpendicular a los orillos y el doblez.

2. Colocar la mano que no se vaya a utilizar para cortar encima de la regla, para sujetarla con firmeza y presionarla. Colocar la cuchilla circular o cúter justo en la parte de abajo de la tela y perfectamente apoyada contra la regla. Cortar de abajo arriba, pegando siempre la cuchilla a la regla (figura 1).

3. Cuando la cuchilla llegue hasta donde se tiene la mano extendida, parar de cortar, pero dejar la cuchilla en la misma posición y mover cuidadosamente la mano hacia arriba para seguir sujetando la regla con firmeza. Continuar

con el corte e ir moviendo la mano con cuidado las veces que sea necesario hasta cortar el largo total de la tela. Tan pronto como se haya acabado de cortar, poner la funda a la cuchilla para evitar un accidente. Si la base de corte no fuese bastante grande, habría que recolocar la tela para continuar, pero esto no es muy aconsejable porque es posible que el corte no quede uniforme.

4. Desdoblar la tela que se acaba de cortar y asegurarse de que no se haya formado una pequeña curva cóncava o convexa por no haber ajustado bien la regla. Si sucede esto, puede que no se haya doblado la tela correctamente. Tras asegurarse de que se hace bien, habrá que repetir los mismos pasos hasta conseguir cuadrar la tela.

CORTAR TIRAS

El próximo paso es cómo cortar tiras en el sentido del hilo de la tela. Para esto hay que girar la tela, colocándola hacia el mismo lado que la mano que se vaya a usar para cortar. Después se utilizarán las medidas de la regla para cortar las tiras.

1. Colocar la tela hacia el mismo lado que la mano que se vaya a usar para cortar. Poner la regla encima de la base de corte de modo que monte sobre la tela. Alinear el extremo de la tela con las líneas verticales de la regla que correspondan a la anchura que se desee para las tiras; las líneas horizontales deberán coincidir con los extremos horizontales de la tela.

2. Al igual que antes, colocar la mano que no se vaya a utilizar para cortar encima de la regla, a fin de sujetarla con firmeza y presionarla (figura 2).

FIGURA 1

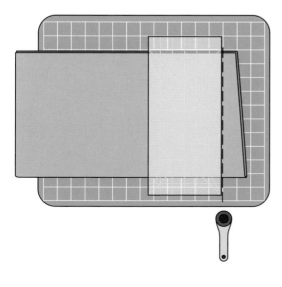

FIGURA 2

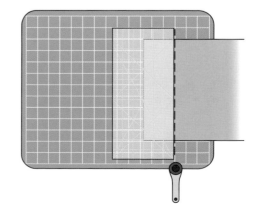

TRANSFORMAR LAS TIRAS EN PIEZAS

Cuando estén cortadas las tiras, se pueden transformar en piezas más pequeñas, como cuadrados, que posteriormente pueden ser cortados en triángulos.

Cuadrados

1. Colocar la tira de tela sobre la base de corte, de modo que quede horizontal y la mayoría de la tela esté hacia el lado contrario que la mano que se vaya a usar para cortar. Cortar los orillos del mismo modo que lo hicimos al cuadrar la tela.

2. Después, colocar la tira hacia el mismo lado que la mano que se vaya a usar para cortar. Situar la regla en la medida deseada, que será la misma que el ancho de la tira, asegurándonos de que los extremos horizontales de la tela sean perpendiculares a la regla, y cortar (figura 3). Cuadrar la tela cada vez que sea necesario.

Figura 3

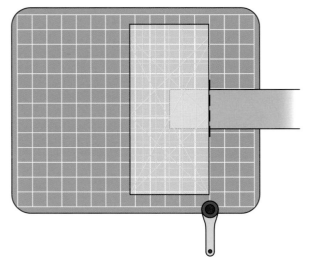

Tiras más anchas

Juntar dos reglas, lado con lado, nos servirá para cortar tiras muy anchas. Si no se dispone de dos reglas, habrá que colocar la tela sobre la base de corte en la posición adecuada para cortar. Alinear el extremo del corte de la tela con una de las líneas verticales de la base; usar la regla y las medidas de la base de corte conjuntamente.

Piezas con más de una tira

1. Cortar la cantidad necesaria de tiras del tamaño que se desee y cortarlas como se indica en las instrucciones del bloque o *quilt* que se esté confeccionando. Planchar las costuras, asegurándose de que no se formen arrugas ni tablas.

2. Colocar las tiras boca arriba, en posición horizontal, sobre la base de corte. Alinear las líneas horizontales de la regla con los extremos de las tiras y con las líneas de costura que se acaban de crear (figura 4). Si tras haber cortado varias piezas, las líneas de la regla dejan de estar alineadas con los extremos de las tiras, volver a cortar para cuadrar la tela antes de cortar más piezas.

Figura 4

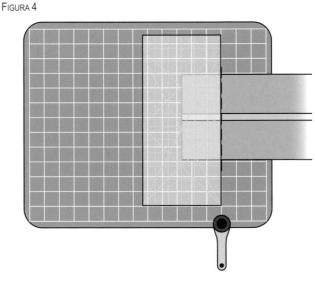

Rectángulos

1. Primeramente, cortar una tira con el ancho de uno de los dos lados del rectángulo. Cuadrar la tira quitándole los orillos.

2. Girar la tira y colocarla en posición horizontal, igual que hicimos para cortar los cuadrados.

3. Situar la regla a la medida deseada, asegurándose de nuevo de que los extremos horizontales de la tela sean perpendiculares a la regla, y cortar.

TRIÁNGULOS

Los cuadrados pueden dividirse tanto en dos como en cuatro triángulos, llamados triángulos de medio o de un cuarto de cuadrado. Se puede cortar el triángulo rápidamente con la cuchilla circular, o utilizar el método explicado en las páginas siguientes.

Cortar triángulos de medio cuadrado

1. Cortar tiras del tamaño que se desee y retirar los orillos. Después cortar cuadrados a partir de estas tiras.

2. Alinear el ángulo de 45° de la regla con los lados del cuadrado de tela y colocarlo de tal forma que atraviese el cuadrado diagonalmente, de esquina a esquina. Cortar a lo largo de esta diagonal, creando dos triángulos de medio cuadrado.

Cortar triángulos de un cuarto de cuadrado

1. Cortar tiras del tamaño que se desee y retirar los orillos. Después cortar cuadrados a partir de estas tiras.

2. Cortar triángulos de medio cuadrado como se ha explicado en el ejemplo anterior.

3. Se puede repetir la operación, esta vez cortando la diagonal contraria (figura 6), o separar los triángulos de medio cuadrado y cortarlos individualmente. Alinear una de las líneas horizontales de la regla con el extremo más largo del triángulo y la línea de 45° con uno de los lados cortos del triángulo, haciendo que el borde de la regla coincida con el pico central del triángulo. Cortar este triángulo de medio cuadrado en dos triángulos de cuarto de cuadrado.

Figura 5

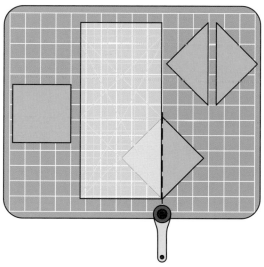

Figura 6

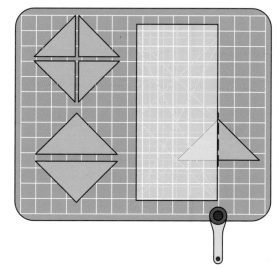

COSTURAS

Para coser con precisión es importante dejar el margen de costura necesario sin tener que marcarlo en la tela. Para ello se utiliza como guía el prensatelas de la máquina de coser. Hoy en día muchas máquinas de coser cuentan con un prensatelas especial para *patchwork* que facilita este proceso. También existen otros prensatelas más genéricos que sirven para la mayoría de las máquinas. Antes de comenzar a cortar y coser es importante comprobar el margen de costura con exactitud.

Comprobar que la máquina nos ofrece un margen de costura correcto

En primer lugar, hay que sacar el hilo de la máquina de coser. Luego se colocará un trozo de papel debajo del prensatelas, de modo que el extremo derecho del papel quede alineado con el extremo derecho del mismo. A continuación, hay que realizar una línea de costura en el papel (en él aparecerá una línea de agujeritos). Por último, se retirará el papel de la máquina y se medirá la distancia desde los agujeros hasta el extremo del papel. Si no tiene la medida correcta (unos 7,5 mm), habrá que ajustarlo de la siguiente manera:

1. Si la máquina de coser ofrece diferentes posiciones para la aguja, moverla en la dirección requerida para conseguir una medida más precisa y volver a realizar una costura sin hilo sobre el papel para comprobarlo.

2 A continuación, trazar una línea en el papel con la medida correcta para el margen de costura (7,5 mm) a esa distancia del extremo. Colocar el papel bajo el prensatelas, alineando la línea dibujada con la aguja. Bajar el prensatelas para que sujete el papel y bajar también la aguja, comprobando que está justo sobre la línea dibujada.

Colocar verticalmente un trozo de cinta de carrocero en la base de la máquina, de modo que el lado izquierdo de la cinta esté alineado con el extremo derecho del papel, usando la cinta como marca. También se pueden utilizar cintas magnéticas como guías de costura, pero es imprescindible leer las instrucciones del fabricante si la máquina de coser es eléctrica o informatizada.

Coser con un margen de costura de 7,5 mm

Cuando se cosen varias piezas juntas, hay que alinear el extremo de las piezas de tela con el extremo derecho del prensatelas, o con el borde izquierdo de la cinta de carrocero si se ha usado este otro método.

Comprobar la tela para un margen de costura correcto

Que el *patchwork* tenga un buen acabado depende tanto de que la tela esté bien cosida como de que esté bien cortada. Por tanto, merece la pena comprobar dos veces si la tela está bien colocada para coser con un margen de costura de 7,5 mm.

Cortar tres tiras de tela, de 4 cm de ancho y coser juntas a lo largo de los extremos largos. Planchar las costuras hacia fuera de la tira central. Medir la tira central. Esta tiene que medir exactamente 2,5 cm de ancho. Si no es así, recolocar la aguja o la cinta e intentar de nuevo.

La longitud de las puntadas

Normalmente se suelen usar unas cinco puntadas por centímetro. Si las piezas que se están cosiendo juntas van a ser cortadas en piezas más pequeñas, es aconsejable que la puntada sea más apretada, de modo que sea más difícil que la costura se deshilache. Es una buena práctica comenzar cada nuevo proyecto con una nueva aguja en una máquina limpia (sin pelusas alrededor de la bobina).

COSTURA A MÁQUINA

Básicamente hay tres formas de unir dos telas cosiéndolas: coser en cadena, coser triángulos de medio cuadrado y coser triángulos de cuarto de cuadrado.

Coser en cadena

Si hay que confeccionar muchos bloques iguales es recomendable usar la técnica del cosido en cadena o en serie. Tras colocar las piezas en cadena, coser el primer par de trozos de tela, con los lados derechos enfrentados. Justo antes de llegar al final, parar de coser y tomar el siguiente par, colocándolo en la base de la máquina de coser, de modo que se pueda seguir cosiendo este nuevo par sin necesidad de cortar el hilo. Pasar al siguiente par y repetir el proceso con todos los bloques, creando una cadena de trabajo (figura 7). Luego, cortar el hilo entre cada bloque, de manera que se puedan separar. Planchar y abrir las costuras según las instrucciones de cada capítulo.

FIGURA 7

Coser triángulos de medio cuadrado

Este es un método rápido y sencillo de crear cuadrados de dos colores sin tener que cortar los triángulos primero.

1. Cortar dos cuadrados de dos colores diferentes, asegurándose de que las medidas sean iguales y correctas, añadiendo 1,75 cm de margen. Colocar las telas derecho contra derecho, alineando todos los extremos. En el revés de la tela del cuadrado que está encima dibujar una línea diagonal que vaya de una esquina a otra.

2. Realizar dos costuras a 0,75 cm de la línea dibujada, a cada lado de la línea (figura 8).

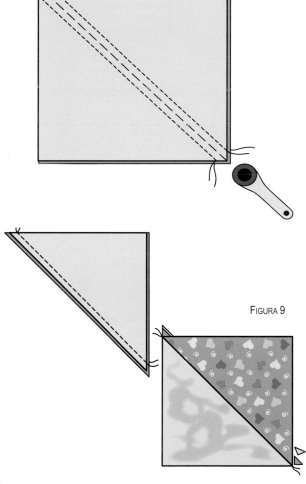

FIGURA 8

FIGURA 9

3. Cortar las dos mitades a lo largo de la línea dibujada. Abrir la tela hacia fuera y plancharla siguiendo las instrucciones del proyecto en concreto. Ahora mismo ya hay dos cuadrados, con dos triángulos cada uno. Cortar las esquinas (figura 9).

Coser triángulos de cuarto de cuadrado

Este método también crea triángulos de cuadrados sin cortar antes los triángulos.

1. Cortar dos cuadrados de dos colores diferentes, asegurándose de que las medidas sean iguales y correctas, añadiendo 1,75 cm de margen. Coser, cortar y planchar igual que se ha hecho con los triángulos de medio cuadrado.

2. Colocar los dos cuadrados bicolores con ambos lados derechos encontrados, asegurándose de que cada triángulo está mirando a un triángulo del otro color. Dibujar una línea diagonal, de esquina a esquina, igual que se ha hecho antes; esta línea tendrá que ser perpendicular a la ya existente.

3. Realizar dos costuras a 0,75 cm de la línea dibujada, a cada lado de la ella. Antes de cortar, desdoblar cada mitad y comprobar que las puntadas coinciden con la línea central (figura 10).

FIGURA 10

FIGURA 11

4. Cortar las dos mitades a lo largo de la línea dibujada. Abrir la tela hacia fuera y plancharla según las instrucciones del proyecto. Ahora mismo ya hay dos cuadrados, cada uno con cuatro triángulos (figura 11).

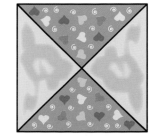

PLANCHAR

En cada proyecto del libro hay unas indicaciones para planchar adecuadamente cada pieza, es decir, hacia qué lado se deben planchar los márgenes de las costuras. Estas indicaciones están pensadas para facilitar el corte de piezas nuevas y reducir volumen en las zonas que no lo requieran, haciendo que los márgenes de costura no coincidan unos encima de otros. Es conveniente planchar las piezas cada vez que se vaya a cambiar al siguiente paso, pues se mejorará el resultado y la apariencia del trabajo. Hay que ser cuidadoso al planchar para no deformar las telas o quemarlas, o incluso quemarnos nosotros.

AÑADIR LOS BORDES

La mayoría de las piezas de *patchwork* van enmarcadas por uno o más bordes. La manera más sencilla de añadir los bordes es coser las tiras primero a la parte superior e inferior de la pieza y después a los laterales, creando esquinas adosadas. Un método algo más complejo es añadir tiras a los lados adyacentes y unirlas con costuras en 45°, haciendo esquinas en inglete. El primer método es el único utilizado en los proyectos de *quilts* de este libro.

Añadir bordes con esquinas adosadas

Las medidas para los bordes requeridos para cada *quilt* (o bloque) de este libro van descritas en las instrucciones. Siempre es recomendable medir nuestro propio trabajo para determinar la medida actual, ya que puede haber variado.

1. Medir el *quilt* de lado a lado del ancho, pasando por el centro. Cortar las tiras para la parte superior e inferior con esta medida del largo, dándole el ancho deseado o especificado en las instrucciones del proyecto.

FIGURA 12

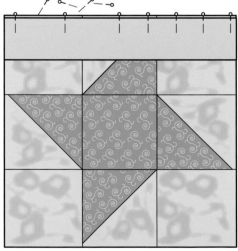

2. Sujetar las tiras al *quilt* con alfileres, comenzando a colocarlos desde los extremos, después en la mitad y así uniformemente hasta completar la tira. Al colocar así los alfileres, nos aseguramos de que el *quilt* coincida con el borde. Coser las tiras, colocándolas correctamente, en los bordes superiores e inferiores del *quilt* (figura 12). Planchar las costuras hacia el borde.

3. Medir el *quilt* de arriba abajo, pasando por el centro. Cortar las tiras para los bordes laterales con esta medida.

4. Sujetar las tiras al *quilt* con alfileres y coser igual que se han cosido los otros dos bordes (figura 13). Planchar las costuras hacia el borde.

FIGURA 13

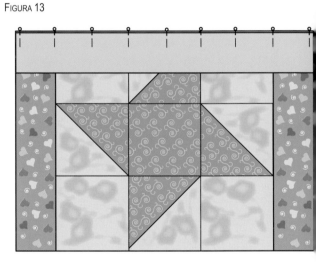

ACABADO FINAL

Las tres capas que forman la labor (o el *top*) de *patchwork*, el relleno y el forro o trasera del *quilt* se sujetan mediante el acolchado o atándolas con cintas. El *quilting* o acolchado puede hacerse tanto a mano como a máquina, pero el atado con cintas o lazos siempre se hace a mano, colocándolos en puntos estratégicos. También se pueden usar botones con la misma función.

Capas

Antes de proceder a acolchar el *quilt*, a no ser que se vaya a usar un brazo largo para el acolchado, hay que nivelar la tela o el *top*, el relleno y el forro o trasera que forman el *quilt*. El relleno (o guata) y el forro tienen que ser algo mayores que la tela principal, unos 5 cm de más por cada lado. Hay dos métodos diferentes para acolchar el *quilt*, dependiendo de cómo sean los extremos del mismo.

Colocar las piezas para ribetearlas posteriormente

1. Extender la pieza trasera o forro, con el revés hacia arriba, asegurándose de que queda bien estirada y lisa. Fijar los bordes con cinta de carrocero a intervalos para que el forro quede bien sujeto.

2. Colocar la guata (el relleno) sobre esta pieza. Si hay que unir dos piezas de guata primero, juntar las piezas por los lados y coserlas a mano con un punto de escapulario (figura 14).

FIGURA 14

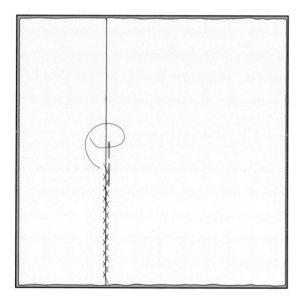

3. Colocar la parte principal del *quilt,* también llamada *top,* boca abajo sobre la guata, centrándolo en ella.

Colocar las piezas que no van a llevar ribete

1. Extender la guata sobre una superficie lisa y estirarla asegurándose de que no se formen arrugas.

2. Colocaremos la trasera o forro, centrándola sobre la guata, con el lado visible hacia arriba.

3. Colocar la pieza principal sobre la trasera, con el revés hacia arriba. Sujetar las tres capas con alfileres a lo largo de los cuatro extremos.

4. Coser a lo largo de los cuatro extremos, dejando un margen de costura de 0,75 cm, pero con una abertura de 40 cm en uno de los laterales, de modo que se le pueda dar la vuelta después.

5. Luego cortar el exceso de guata y del forro trasero a lo largo de los laterales y las esquinas para reducir el volumen no deseado. Darle la vuelta y ponerlo del derecho, de modo que la guata quede en el medio. Coser la abertura que se había dejado.

6. Estirar las capas hacia fuera y planchar los extremos de manera que la costura quede en el extremo o un poco hacia dentro.

Hilvanar antes de acolchar

Si la pieza va a ser acolchada en lugar de atada con lazos, las tres capas deberán unirse a intervalos regulares. Esto puede hacerse, bien hilvanando, bien sujetando las capas con alfileres. Sea cual sea el método usado, hay que empezar desde el centro del *quilt* e ir cosiendo hacia los extremos.

Hilvanar primero en el centro de la parte superior del *quilt,* con un hilo muy largo. Al comenzar a coser, no pasar todo el hilo hacia el otro lado, sino solo la mitad. Al llegar al extremo, dar la vuelta y con el otro extremo del hilo hilvanar hacia el otro lado. Repetir este proceso, cosiendo una cuadrícula con líneas de costura verticales y horizontales a lo largo de todo el *quilt* (figura 15).

FIGURA 15

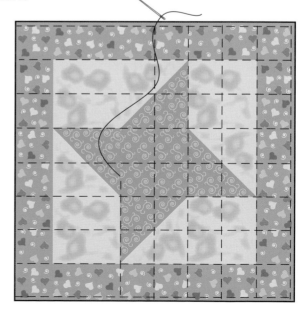

ACOLCHADO A MÁQUINA

El acolchado a máquina es recomendable cuando se van a realizar costuras que sigan líneas continuas. Estas pueden ser rectas o curvas, creando formas libremente. Sean del tipo que sean, hay que asegurarse de que las puntadas midan lo mismo. Con cualquier método, las líneas de costura continuas serán visibles tanto en la pieza delantera como en la pieza trasera del *patchwork*. Es un método muy rápido, pero necesita una preparación cuidadosa.

Aunque hay muchas herramientas que facilitan el proceso de acolchado a máquina, la más esencial es la práctica.

Vale la pena hacer un pequeño *quilt* de prueba (si es posible, utilizando las mismas telas que se vayan a usar en el proyecto final) para asegurarse de que se logra el efecto deseado. Es importante planear el diseño primero; de lo contrario, se puede empezar con una puntada muy apretada para luego ir dejando demasiado espacio y acabar con un patrón muy poco uniforme.

Al comenzar y acabar de coser mientras se acolcha a máquina, hay que reducir la longitud de la puntada a cero o coser varias veces en el mismo punto. Si el efecto de la segunda opción no es el deseado, dejar unas hebras de hilo largas al acabar y al empezar. Después, tirar de estos hilos hacia uno de los lados del *quilt*, anudar y enhebrar en una aguja. Pasar la aguja a través de la tela y hacia dentro de la guata, pero sin atravesar el otro lado del *quilt*, y volver a sacar la aguja a unos 2,5 cm del agujero por el que se había metido. Cortar el hilo que sobre.

Acolchado «en la zanja» (o en la línea de costura)

Uno de los métodos más usados y sencillos para realizar acolchados en línea recta se llama «acolchado en la zanja» e implica coser justo al lado de la línea de costura por el otro lado de los márgenes de la misma. Algunas máquinas requieren un prensatelas móvil para coser las tres capas a la vez. Este funciona con los dientes de arrastre levantados mientras se usa. La máquina controla la dirección y longitud de las puntadas.

Acolchado libre a máquina

Cuando se acolcha a máquina a mano alzada, es necesario utilizar un pie de fruncido con los dientes de arrastre hacia abajo, de modo que se pueda mover el *patchwork* hacia delante, hacia atrás y hacia los lados. Esto es más sencillo de hacer en algunas máquinas, pero siempre se necesitará algo de práctica.

ACOLCHADO A MANO

Para acolchar a mano se emplea el punto corrido o puntada única. La aguja atraviesa las tres capas de arriba a abajo y luego vuelve a subir, todo en el mismo movimiento. El objetivo es que las puntadas y los espacios entre ellas siempre midan lo mismo.

1. Enhebrar una aguja con hilo de acolchar, de unos 45 cm de largo y anudar en el extremo. A 2,5 cm de donde se va a comenzar a coser, clavar la aguja dentro de la tela y atravesar la guata, pero no el forro trasero. Sacar la aguja de nuevo a través del punto donde se vaya a comenzar a coser. Tirar del hilo con delicadeza para que el nudo atraviese la primera capa del *quilt* y se quede en la guata.

2. Para conseguir un punto de acolchado perfecto, la aguja debe atravesar la tela perpendicular a la capa delantera del *quilt*. Sujetando la aguja con el índice y el pulgar, deslizar hacia dentro de la tela hasta que choque con el dedal del dedo que tenemos colocado bajo la capa trasera.

3. Ahora se puede sujetar la aguja entre el dedal de la mano con la que se cose y de la mano que está bajo la capa trasera, liberando el índice y el pulgar. Colocar el pulgar sobre el *quilt* justo enfrente de donde saldrá la aguja hacia arriba de nuevo y presionar ligeramente el *quilt* hacia abajo (figura 16).

FIGURA 16

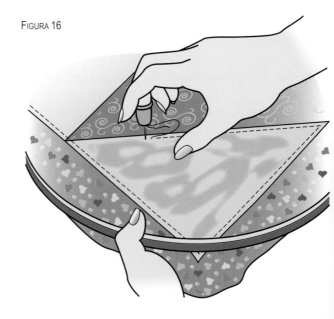

4. Al mismo tiempo, deslizar el ojal de la aguja hacia la parte delantera del *quilt* y empujar la punta de la aguja desde abajo, de modo que esta aparezca en la parte de arriba del *quilt*. Ahora se puede sacar la aguja del todo, dando solo una puntada, o llevar el ojal hacia arriba y balancear la punta de la aguja de nuevo hacia abajo, atravesando la tela. Repetir este movimiento a través de la tela hasta que ya no podamos hacerlo (figura 17). Sacar la aguja. Cosiendo de puntada en puntada o con varias puntadas a la vez («punto de balanceo»), antes de sacar la aguja del todo, hay que asegurarse de que queden bien.

FIGURA 17

5. Al terminar de coser, anudar el hilo cerca de la superficie del *quilt*, introduciendo la aguja hacia dentro a través de la parte delantera y del relleno, pero sin atravesar el forro. Volver a subir la aguja hacia arriba a unos 2,5 cm y tirar suavemente del hilo, ayudándonos con la uña, para que el nudo atraviese la primera capa y se quede en la guata. Finalmente, cortar el hilo.

Ribetear

Finalizado el acolchado, los *quilts* suelen rematarse con un ribete que hace de marco (aunque no siempre es así). Las tiras que se usan para el ribete pueden estar cortadas al bies o al hilo. El ribete siempre queda mejor con un pliegue doble. Puede realizarse cosiendo cuatro tiras de tela por separado, o se pueden unir los ribetes y coserlos al *quilt* haciendo esquinas en inglete. Si se utilizan tiras cortadas al hilo, hay que hacer costuras rectas; para las cortadas al bies, las costuras serán en diagonal (figura 18).

FIGURA 18

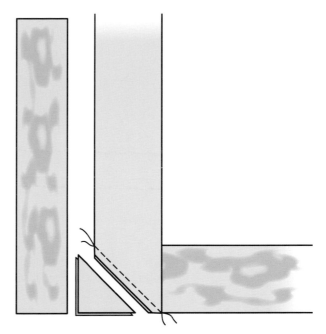

Con ambos métodos, el ancho de los ribetes debería cortarse siguiendo esta fórmula: el ancho que se desea multiplicado por cuatro, más el doble de los márgenes de costura. Por ejemplo: para un ancho final de 1,25 cm se cortarán 6,5 cm:
(1,25 cm x 4) + (0,75 cm x 2) = 6,5 cm

Proyectos

Bolso de colores

diseñado por Sue Warren

La realización de este alegre bolso es una estupenda idea para usar esos cuadrados de tela que se tiene guardados o, sencillamente, para cortar nuestras propias telas y realizar los cuadrados como más nos apetezca.

Tamaño final

Aprox. 58,5 x 44,5 cm

Material

Las telas son 100% algodón

- **Para el cuerpo principal**
  32 cuadrados de 12,75 cm
  Cuatro cuadrados de
  12,75 cm para el bolsillo
  interno

- **Para tiras, asas y ribete**
  60 cm de tela en algún color
  que combine y contraste

- **Para el forro** 70 cm

- **Guata** Dos piezas de 50 x
  65 cm
  Dos piezas de 50 x 1,25 cm
  Una pieza de 18 x 11,5 cm
  para la lengüeta

- **Accesorios** Un cierre
  magnético de 1,25 cm
  Un botón grande

CORTAR

- **Tiras (las que van entre los cuadrados)** Cortar ocho tiras de 5 x 47 cm.
- **Asas** Cortar una tira de 9 cm de ancho por el largo de la tela.
- **Ribete** Cortar una tira de 6,5 cm de ancho por el largo de la tela.
- **Forro** Cortar dos piezas de 62,5 x 47 cm.

COSER

1. Realizar ocho tiras, cosiendo cuatro cuadrados juntos por cada tira. Planchar las costuras siempre en la misma dirección.

2. Coser estas tiras con cuatro tiras de la otra tela, añadiendo una tira a la derecha de cada fila de cuatro cuadrados. Así se formarán dos paneles, cada uno de cuatro tiras hechas a partir de los cuadrados y cuatro tiras de la otra tela (figura **A**). Planchar.

Figura A

3. Prender con alfileres e hilvanar cada panel a una pieza de guata. Acolchar los paneles haciendo costuras en los bordes de cada una de las tiras finas y en las diagonales de cada cuadrado. Recortar y eliminar el exceso de guata.

4. Con los lados derechos encontrados, coser los laterales de ambos paneles. Luego coser el borde inferior, asegurándose de que los cuadrados que coincidan a uno y otro lado sean siempre diferentes, y de que encajen perfectamente cuadrado con cuadrado y tira con tira.

5. Para quitar las esquinas a la base de la bolsa, alinear la costura inferior con las tiras finas. Coser 6 cm desde el punto creado hasta el pliegue (figura **B**).

Figura B

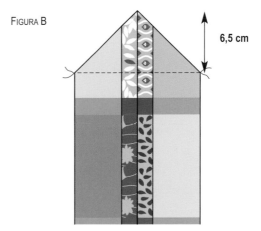

6,5 cm

6. En el lado opuesto, medir 4 cm hacia dentro desde el lateral y coser una costura corta de 6,5 cm hacia abajo desde el extremo superior. Terminar las costuras con punto hacia atrás (figura **C**).

Figura C

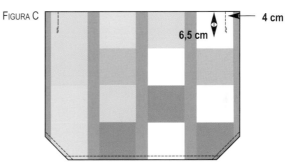

4 cm

6,5 cm

7. Insertar una de las mitades del cierre magnético en la tira fina central, a 5 cm del borde superior del bolso.

8. Para hacer el bolsillo, coser juntos cuatro cuadrados, formando un solo cuadrado. Doblar esta nueva pieza por la mitad, con el lado derecho hacia dentro, y coser a lo largo de los extremos más cortos. Darle la vuelta hacia fuera y planchar. Volver a dar la vuelta y, con los lados derechos encontrados, colocar los bordes sin rematar a 25,5 cm del borde inferior del forro; después coser dejando un filete que mide 0,75 cm. Girar el bolsillo hacia arriba para

esconder la costura, pespuntear los laterales del bolsillo en el forro y volver a coser sobre el extremo inferior del bolsillo. Hacer una costura entre los dos cuadrados para crear un bolsillo doble (figura **D**).

FIGURA D

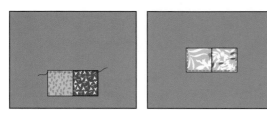

9. Hacer el forro interno del bolso siguiendo los mismos pasos que para la realización exterior del mismos (pasos 4-6).

10. Insertar el forro dentro del bolso, revés contra revés. Sujetar la parte superior del bolso y la del forro juntas con la ayuda de alfileres.

11. Doblar y planchar hacia dentro 0,75 cm de los laterales largos de las asas. Colocar una tira de guata bajo uno de los bordes doblados y doblar la tira por la mitad para aumentar el grosor de la guata. Coser 0,25 cm hacia dentro en cada uno de los extremos largos. Después, coser dos o tres filas a lo largo de las asas (se puede usar una puntada decorativa de la máquina de coser). Cortar las asas a la medida deseada, unos 50 cm, y sujetar con alfileres al borde exterior del bolso, al mismo nivel que las tiras finas que componen el cuerpo del bolso (figura **E**).

FIGURA D

12. A partir de la plantilla que se muestra en esta página, cortar dos piezas de tela (la misma que se ha utilizado para las asas) y una pieza de guata. Colocar una de las piezas de tela sobre la guata, con el derecho hacia arriba e insertar la otra mitad del cierre magnético. Colocar la segunda pieza de tela encima de la primera, con los lados derechos encontrados, y coser los bordes como en la plantilla.

13. Cortar la costura, enganchar los extremos en curva y dar la vuelta. Hacer un pespunte a 0,75 cm del borde. Enganchar la lengüeta al centro de la parte posterior del bolso con alfileres y dejar colgando hacia abajo.

14. Aumentar la medida de las puntadas en la máquina de coser y hacer un filete de 0,75 cm para hilvanar alrededor de la parte superior del bolso. Esto sujetará el forro, las asas y la lengüeta en su sitio mientras se hace el ribete.

15. Doblar el ribete de 6,5 cm por la mitad a lo largo y planchar. Con los lados derechos frente a frente, y empezando desde el centro, dar un

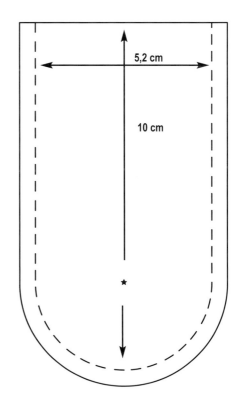

punto atrás alrededor de la parte superior del bolso. Doblar el ribete hacia el lado contrario y coser hacia dentro del bolso.

16. Para estabilizar el bolso, cortar un trozo de cartulina dura del tamaño de la base, cubrir con un poco de tela de forro de la que ha sobrado, pegar en la cartulina con pegamento y colocar en la base del bolso.

Otra versión

Crear su propio bolso según su estado de ánimo o sus gustos, eligiendo las telas que más nos agraden. Este proyecto puede ser un buen regalo para amigas o familia. ¿Por qué no hacer varios bolsos con diferentes composiciones cromáticas?

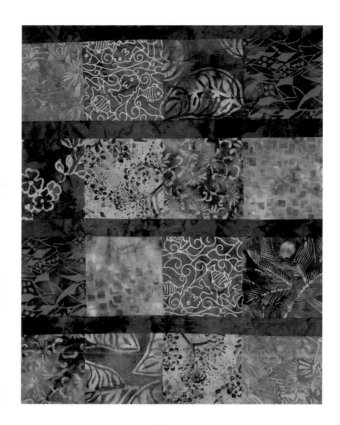

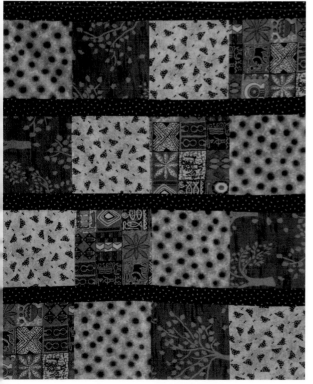

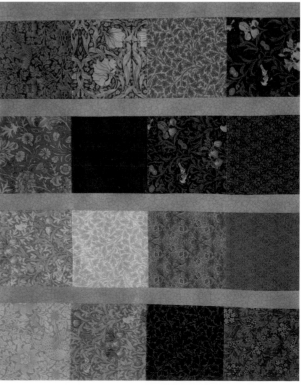

A la orilla del agua

diseñado por Marion Patterson

Este sencillo diseño, realizado con *layer cake*s (cuadrados de 25,5 x 25,5 cm que se venden en paquetes de 40 unidades), se hace rápidamente. El resultado es muy atractivo, pues resalta la belleza de la tela por sí misma. El título procede del mismo nombre que recibe este combinado de cuadrados.

Tamaño final

Aproximadamente 116 x 178 cm

Material

Las telas son 100% algodón

- **Para el cuerpo principal**
  Un paquete de 40 cuadrados, de 25,5 x 25,5 cm

- **Para la parte trasera**
  Se necesitan 2 m si se utiliza una tela de 114 cm o más ancha. Si no, habrá que unir varias piezas de tela para conseguir un largo de 4 m

- **Guata** 127 x 193 cm

- **Ribete** 45 cm de una tela que combine bien

DISEÑO DEL «PATCHWORK»

CORTAR

1. Este *patchwork* está hecho a partir de 25 bloques. Cortar los cuadrados de 25,5 cm por la mitad para conseguir 80 rectángulos de 12,75 x 25,5 cm. Mantener los cuadrados cortados en orden formando dos montoncitos (figura **A**).

2. Si no se utiliza un *pack* de cuadrados, cortar 40 cuadrados de 25,5 x 25,5 cm de las diferentes telas y después cortar por la mitad para formar 80 rectángulos de 12,75 x 25,5 cm. Mantener los cuadrados cortados en orden formando dos montoncitos (figura **A**).

3. De la tela para el ribete cortar siete tiras de 5,5 cm de largo y el ancho de la tela.

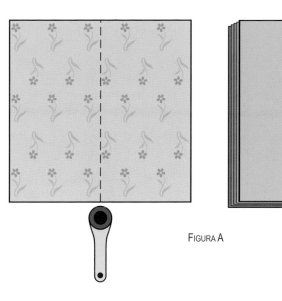

FIGURA A

COSER

1. Ahora hay dos montones de rectángulos. Tomar los primeros diez rectángulos de cada montón y colocarlos a un lado. Dar la vuelta a uno de los montones, de modo que la tela que está arriba sea la tela de abajo. Los dos montones tendrán ahora uno de ellos las telas con el derecho hacia arriba y otro con el revés hacia arriba (figura **B**).

2. Tomar un rectángulo de cada montoncito. Con los lados derechos encontrados, unir dejando un margen de costura de 0,7 cm. Repetir este paso hasta unir 25 bloques (figura **C**). Planchar las costuras hacia el lado. Alternativamente, se pueden elegir los rectángulos de cada montón y emparejar como se quiera.

3. Ahora quedan 20 rectángulos. Añadir los diez que se habían reservado al principio. Cortar 1,5 cm de uno de los extremos para hacer rectángulos de 12,75 x 24 cm. Unir estos rectángulos a la parte superior de los bloques formados por parejas de rectángulos (figura **D**). De esta forma se forman bloques de 24 x 37 cm.

4. La parte delantera del *quilt* está formada por cinco bloques a lo ancho y cinco a lo largo. Tomar cinco de los bloques y unir a lo ancho, creando cinco filas. Después unir las cinco filas.

FIGURA B

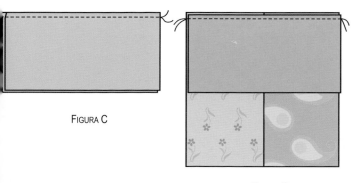

FIGURA C

FIGURA D

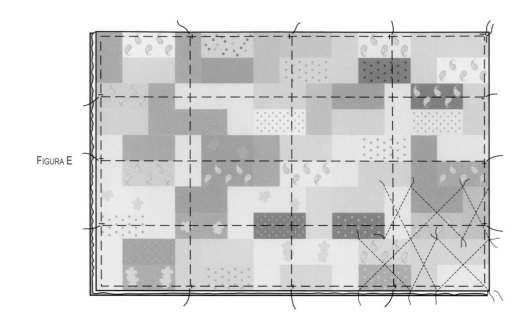

FIGURA E

PARA TERMINAR

1. Medir la parte delantera del *patchwork* vertical y horizontalmente para comprobar la medida. Debería medir 116 x 118 cm. Si no fuese así, habrá que ajustar la guata y el forro para que encajen bien.

2. Si el forro no fuese bastante grande para encajar con la parte delantera, unir dos piezas de tela para formar una pieza de 127 x 193 cm, que incluya un margen de costura de 1,25 cm. Planchar las costuras hacia fuera.

3. Extender el forro con el revés hacia arriba, quitando todas las arrugas. Después, colocar la guata encima y, sobre esta, la parte delantera con el derecho hacia arriba. Sujetar las tres capas con alfileres e hilvanar, formando una cuadrícula (figura **E**).

4. Acolchar el *quilt* a mano o a máquina. Juntar todas las tiras para el ribete en una y ribetear con un ribete doble, haciendo las esquinas en inglete.

NOTA Si se compra guata embalada, es recomendable sacarla y dejarla colgando estirada durante un día, de modo que no queden arrugas cuando se vaya a usar. Alternativamente, introducir la guata en una secadora en frío durante 10 minutos. La guata que se vende por metros, es decir, que se corta de un rollo, suele estar lista para usarse y no es necesario colgarla.

Otra versión

Se puede hacer este *quilt* usando
piezas más grandes de tela. Por
ejemplo, si no se tienen cuadrados
de 25,5 cm pero sí se dispone de un
montón de piezas de 12,75 x
25,5 cm, se puede cortar rectángulos
con estas y hacer el *quilt* de igual
modo. También se puede usar solo
tres tipos de tela diferentes,
consiguiendo así un aspecto más
uniforme y elegante que nuestra
labor agradecerá.

Abanicos multicolores

diseñado por Sally Ablett

Este *patchwork* ofrece la posibilidad de utilizar esas telas con diseños de flores del estilo de los años treinta que estabas guardando para usar y no sabías qué aplicación darles. Es una manta muy original bastante más fácil de realizar de lo que pueda parecer en un principio.

Tamaño final

Aproximadamente 142,25 x 142,25 cm

Material

Todas las telas son 100% algodón

- **Para el cuerpo principal**
  Para el fondo, 2,65 m
  18 piezas de 55,8 x 45,70 cm
  de tela estilo años treinta

- **Para el ribete y el borde**
  1 m de tela en tonos de color verde

- **Para la parte trasera**
  163 cm²

- **Guata** 163 cm²

DISEÑO DEL «PATCHWORK»

CORTAR

Tela para el fondo
- 36 cuadrados que midan 22 cm.
- Cinco cuadrados que midan 23,5 cm cortados dos veces en diagonal para el borde.
- Cuatro cuadrados que midan 12,5 cm cortados por la mitad en diagonal para el borde.

Tela verde para el borde y el ribete
- Seis cuadrados de 23,5 cm cortados dos veces en diagonal para el borde.
- Cuatro cuadrados que midan 11,5 cm para el borde.
- Seis tiras que midan 5,5 cm por la longitud de la tela.

Abanicos
- 216 piezas con la forma de la plantilla A.
- 36 piezas con la forma de la plantilla B.

COSER

1. Doblar cada pieza del abanico por la mitad con los lados derechos encontrados (figura **A**), luego hacer una costura a 0,75 cm del borde más ancho (figura **B**). Recortar la esquina y desdoblar. Ahora hay una pieza de abanico con una pequeña capucha (figura **C**). Hacer seis piezas como esta para el abanico completo.

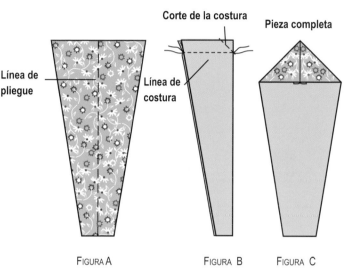

Corte de la costura
Pieza completa
Línea de pliegue
Línea de costura

FIGURA A   FIGURA B   FIGURA C

2. Escogiendo al azar entre nuestra selección de telas, coser seis de estas piezas juntas, planchar las costuras hacia fuera, acordándose de ir planchando cada costura conforme se hagan. Repetir el mismo método hasta tener 36 abanicos completos (figura **D**).

Plantilla A

Estas plantillas representan el 70% del tamaño original de la plantilla. Agrandar e imprimir en una fotocopia.

Plantilla B

FIGURA D

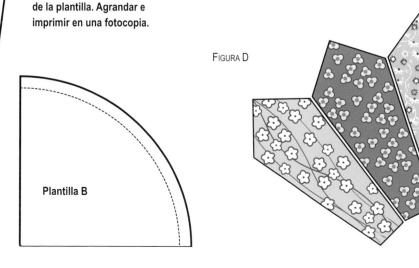

3. A fin de colocar el abanico con exactitud en el cuadrado de tela para el fondo, primero hay que doblar el cuadrado en dos por una de sus diagonales y presionar ligeramente el pliegue con el dedo.

4. Desdoblar el cuadrado y colocar el centro del abanico sobre el pliegue. Puede que sea necesario recortar un poco de tela para ajustarlo. Coser el abanico en su sitio usando un punto de dobladillo y un hilo que combine con la tela.

5. Doblar hacia abajo 0,75 cm del borde redondeado de cada cuarto de círculo y colocarlo sobre el abanico.

6. Usando como guía el diseño del *patchwork* de la página 38, disponer los bloques en orden; coser primero en filas y luego coser las filas juntas.

BORDES

El borde o cenefa está hecho cosiendo triángulos juntos en la fila. Se trabaja de izquierda a derecha, empezando y acabando con uno de los triángulos pequeñitos, y encajando el borde de los triángulos con el borde del *patchwork* que ya se tiene hecho.

1. Coser los cuadrados pequeños que hacen esquina en la cenefa.

2. Coser la cenefa a los laterales del *patchwork* y a la parte superior e inferior del mismo.

PARA TERMINAR

1. Medir la altura y el ancho del *patchwork*, y ajustar la guata y el forro para que coincidan las medidas.

2. Extender el forro con el revés hacia arriba en una superficie lisa. Luego, trabajando desde el centro hacia el exterior, colocar la guata y la parte delantera (esta última irá colocada con el derecho hacia arriba). Sujetar con alfileres. También se puede hilvanar para una mayor fijación. Hacer una cuadrícula, desde el centro hacia el exterior.

3. Marcar el diseño de acolchado en el *patchwork*, y acolchar a mano o a máquina.

Truco Este *patchwork* está cosido con una máquina de brazo largo, pero también se puede coser con una máquina sin brazo o a mano, haciendo un diseño de acolchado en el que se destaquen la forma de los abanicos, o haciendo estructuras de hojas y flores.

Otra versión

Este tradicional y apreciado patrón
puede usarse de mil maneras y es
una oportunidad genial para utilizar
las telas que nos sobren. A partir de
cuatro cuadrados se puede realizar
un cojín y a partir de 16, una
alfombra. Aventúrese, y combine los
colores y diseños que elija.

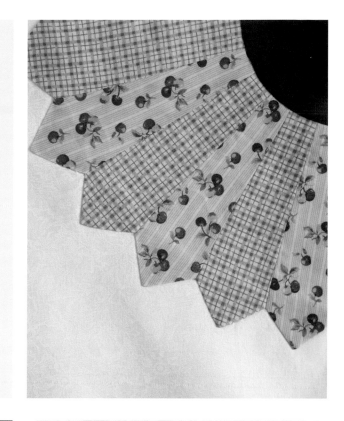

Alegres molinillos
diseñado por Marion Patterson

Este fue uno de los primeros *patchwork* que diseñé. Me inspiraron los niños que jugaban con molinillos y me recuerda a los días cálidos de verano; además, es muy sencillo de elaborar. Estoy segura de que les proporcionará tanto placer como a mí.

Tamaño final

Aproximadamente 75 x 105,5 cm

Material

Todas las telas son 100% algodón

- **Para el cuerpo principal**
  Tela 1: 70 cm para el fondo de los molinillos y la cenefa exterior
  Tela 2: 60 cm para los molinillos y la cenefa interior
  Tela 3: 60 cm para los cuadrados sin molinillos y la cenefa exterior

- **Para el ribete** 35 cm de tela de algún color que combine y contraste

- **Para la parte trasera** 94 x 124,5 cm

- **Guata** 94 x 124,5 cm

CORTAR

Las tiras se cortan a todo lo ancho de la tela.

1. **Tela 1** Cortar cuatro tiras de 9 cm de ancho y estas, a su vez, cortarlas en cuadrados de 9 cm. Cortar dos tiras de 7,5 cm de ancho para la cenefa exterior.

2. **Tela 2** Cortar cuatro tiras de 9 cm de ancho y estas, a su vez, cortarlas en cuadrados de 9 cm. Cortar cuatro tiras de 4 cm de ancho para la cenefa interior.

3. **Tela 3** Cortar cuatro tiras de 9 cm de ancho y estas, a su vez, cortarlas en cuadrados de 9 cm. Cortar dos tiras de 7,5 cm de ancho para la cenefa exterior.

4. **Ribete** Cortar cuatro tiras de 6,5 cm de ancho.

COSER

1. De la tela 2, doblar uno de los cuadrados diagonalmente por la mitad, con los lados derechos hacia fuera. Doblar una de las puntas hacia la esquina. Sujetar con alfileres el triángulo en uno de los cuadrados de la tela 1 (figura **A**). Repetir para formar un total de cuatro cuadrados, asegurándose de que todos los molinillos están doblados de la misma manera (figura **B**).

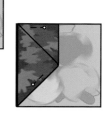

FIGURA A

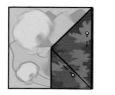

FIGURA B

2. Colocar los cuatro cuadrados para formar un molinillo. Coser los cuadrados juntos, primero a pares (figura **C**) y luego coser los dos pares juntos para formar un bloque de molinillos (figura **D**). Planchar las costuras hacia fuera para reducir el volumen. Continuar repitiendo este método hasta tener 12 bloques de molinillos.

FIGURA C

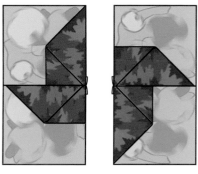

FIGURA D

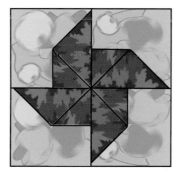

3. Sujetar con alfileres los bloques de molinillos a los cuadrados lisos de la tela 3, siguiendo este orden:

   - Fila 1: cuadrado con molinillo, cuadrado sin molinillo, cuadrado con molinillo, cuadrado sin molinillo.
   - Fila 2: cuadrado sin molinillo, cuadrado con molinillo, cuadrado sin molinillo, cuadrado con molinillo.
   - Fila 3: como la fila 1.
   - Fila 4: como la fila 2.
   - Fila 5: como las filas 1 y 3.
   - Fila 6: como las filas 2 y 4.

4. Primero, unir las filas con alfileres y después, coserlas asegurándose de que las costuras y los cuadrados encajen.

DISEÑO DEL «PATCHWORK»

CENEFAS

1. Tomar las tiras de 4 cm de ancho de la tela 2 y plancharlas doblándolas por la mitad, lo que dará una tira de 2 cm de ancho. Medir el alto y el ancho del *patchwork* para calcular las medidas exactas.

2. Sujetar con alfileres una de las tiras a la parte superior del *patchwork*, de modo que la parte plegada quede hacia fuera antes de coser la cenefa (se puede hilvanar antes de coser para una mayor sujeción). Repetir este paso colocando la tira en la parte de abajo del *patchwork*.

3. Tomar una de las tiras para la cenefa de la tela 1 y otra de la tela 3, y cortarlas con la misma longitud que la cenefa estrecha. Colocar con alfileres una de ellas a la parte superior del *patchwork*, justo encima de la cenefa estrecha hecha con la tela 2, y la otra en la parte inferior, justo debajo también de la cenefa estrecha. Coser en su sitio y planchar las costuras hacia fuera.

4. Ahora hay que añadir las cenefas estrechas de la tela 2 a los laterales del *patchwork*. Si nos fijamos en el diseño del *patchwork* de la página 44, veremos que las cenefas de los laterales no continúan a lo largo de todo el borde, sino que terminan cuando llegan al acabar las cenefas estrechas que ya se han cosido antes.

5. Medir la altura y el ancho del *patchwork* para determinar la medida exacta de las tiras de cenefa estrecha que hay que añadir y luego agregar 2,5 cm a esta medida. Cortar las dos tiras de 4 cm de ancho restantes de la tela 2 y doblar 1,25 cm hacia dentro en cada uno de los extremos estrechos; luego, doblar por la mitad a lo largo, como en el punto 1, haciendo una tira de 2 cm de ancho. Sujetar a cada uno de los lados del *patchwork*, asegurándose de que los extremos coincidan con las cenefas ya cosidas, como en el diseño del *patchwork*. Después, coser en su sitio.

6. Volver a medir el ancho y el alto del *patchwork*. Tomar las dos tiras de 7,5 cm que quedan, una de la tela 1 y otra de la tela 3, y cortar a medida. Sujetar estas a los laterales del *patchwork*, por fuera de las cenefas que se acaban de coser, y coser en su sitio. Planchar las costura hacia un lado.

PARA TERMINAR

1. Marcar el diseño de acolchado en el *patchwork*.

2. Extender el forro con el revés hacia arriba en una superficie lisa. Luego, trabajando desde el centro hacia el exterior, colocar la guata y la parte delantera del *patchwork*; esta última irá colocada con el derecho hacia arriba. Sujetar con alfileres; también se puede hilvanar para conseguir una mayor fijación. Hacer una cuadrícula, desde el centro hacia el exterior.

3. Acolchar a mano o a máquina.

4. Coser el ribete con costuras en diagonal para hacer una tira continua y encajarla alrededor del *quilt* haciendo un ribete de doble pliegue con las esquinas en inglete.

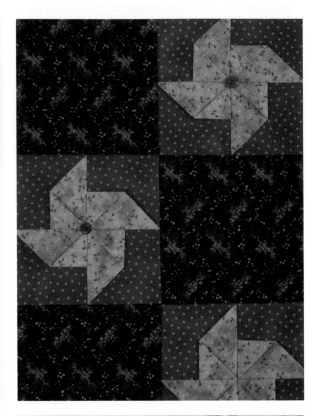

Otra versión

¿Por qué no confeccionar el *quilt* usando un solo color para el fondo y cuatro colores diferentes para los molinillos? Tanto si se hace el molinillo multicolor como si nos decantamos por un único tono, siempre resultará un diseño genial. Lo importante es saber combinar colores y estampados para que el resultado sea perfecto.

Mantel navideño

diseñado por Sally Ablett

Este mantel, tan rápido de hacer, puede darle encanto a cualquier mesa en todas las épocas del año y no solo en Navidad. ¿Por qué no hacer un mantel para cada estación del año? Podemos usar colores pastel y brillantes para la primavera y el verano, o tonos tierra para las estaciones más frías.

Tamaño final

Aproximadamente 53,5 x 110,5 cm

Material

Todas las telas son 100% algodón

- **Para el cuerpo principal**
  Tela crema: 50 cm
  Tela roja: 35 cm
  Tela verde (para los bloques y el ribete): 62,5 cm
  Tela negra y verde: un *fat quarter* o pieza de 55,8 x 45,70 cm
  Tela negra y dorada: un *fat quarter* o pieza de 55,8 x 45,70 cm

- **Para la parte trasera**
  60 x 122 cm

- **Guata** 60 x 122 cm

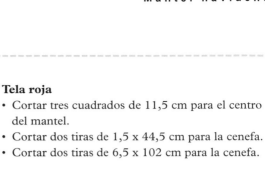

DISEÑO DEL «PATCHWORK»

CORTAR

Tela crema
- Cortar diez cuadrados de 11,5 cm.
- Cortar cuatro cuadrados de 13,5 cm; después, cortar cada uno en diagonal dos veces para obtener 16 triángulos en total.

Tela roja
- Cortar tres cuadrados de 11,5 cm para el centro del mantel.
- Cortar dos tiras de 1,5 x 44,5 cm para la cenefa.
- Cortar dos tiras de 6,5 x 102 cm para la cenefa.

Tela verde
- Cortar cuatro cuadrados de 13,5 cm; después, cortar cada uno diagonalmente dos veces para obtener 16 triángulos.
- Cortar dos cuadrados de 12,5 cm; después, cortar cada uno por la mitad en diagonal para obtener cuatro triángulos.
- Cortar cuatro cuadrados de 12,5 cm; después, cortar cada uno en diagonal para obtener ocho triángulos.
- Cortar cuatro cuadrados de 6,5 cm para las esquinas de la cenefa.
- Cortar cuatro tiras de 6,5 cm de ancho por el largo de la tela para el ribete.

Tela negra y verde
- Cortar seis cuadrados de 13,5 cm; después, cortar cada uno diagonalmente dos veces para obtener 24 triángulos.

Tela negra y dorada
- Cortar un cuadrado de 13,5 cm; después, cortar este por la mitad diagonalmente dos veces para obtener cuatro triángulos.
- Cortar ocho cuadrados de 12,5 cm; después, cortar cada uno diagonalmente por la mitad para obtener 16 triángulos.

COSER
1. Extender todas las piezas como se muestra en el diseño del *patchwork*.

2. Siguiendo los dibujos de la página 50, hacer cuatro cuadrados iguales a la figura A, 12 cuadrados como la figura B y cuatro como en la C. Al acabar de coser, ir planchando las costuras, para obtener mejores resultados.

3. Usando como guía el diseño del *patchwork* de la foto, disponer todos los bloques y coser juntos en filas diagonales, comenzando en la esquina superior izquierda. Luego, unir las filas.

FIGURA A

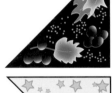

FIGURA B

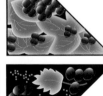
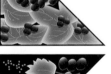
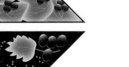

FIGURA C

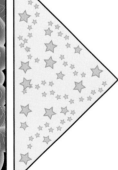

CENEFAS

Coser los cuadrados que hacen esquina a las tiras superiores e inferiores. Primero, unir las tiras laterales, y después la superior e inferior.

PARA TERMINAR

1. Medir la altura y el ancho del *patchwork* para comprobar que las medidas se ajustan lo máximo posible. Ajustar las medidas del forro y la guata para que coincidan.

2. Extender el forro con el revés hacia arriba sobre una superficie lisa. Después, trabajando desde el centro hacia el exterior, colocar la guata y la parte delantera del *patchwork*; esta última irá colocada con el derecho hacia arriba. Sujetar con alfileres; también se puede hilvanar para conseguir una mayor fijación. Hacer una cuadrícula, desde el centro hacia el exterior.

3. Marcar como se quiera el diseño del *patchwork*. Acolchar a mano o a máquina, usando un hilo dorado para añadirle más brillo.

RIBETES

Coser el ribete con costuras en diagonal para hacer una tira continua y encajarla alrededor del *patchwork*, haciendo un ribete de doble pliegue, con las esquinas en inglete.

Truco
Los triángulos pueden resultar un poco difíciles de hacer. Si se han dado de sí o se han encogido, habrá que ajustar sus medidas antes de unir los bloques; con esto conseguiremos unos cuadrados perfectos.

El hilo metálico se parte fácilmente con la máquina de coser. Para evitar que esto suceda, se usa una aguja con el ojo largo para que no haya tanta tensión, se coloca un sujetador de hilos tipo *overlocker* a poca distancia de la máquina.

Otra versión

Estos bloques se adaptan con
facilidad. Se puede probar a cambiar
la combinación de los colores dentro
del bloque para obtener diferentes
resultados. También se podrían
hacer servilletas que combinasen
con el mantel y así se disfrutará de
un conjunto completo.

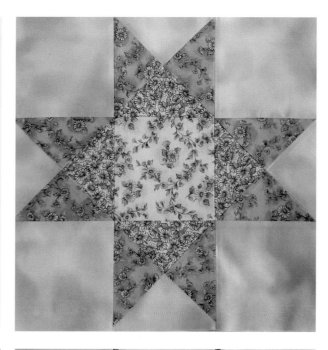

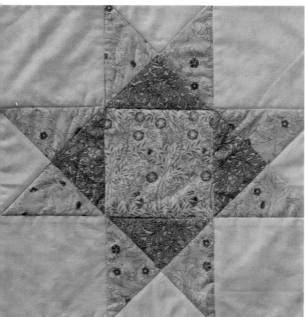

Fiebre de primavera

diseñado por Marion Patterson

Había hecho muchos *patchworks* con el diseño de los molinillos, pero aún no había creado ninguno colocando las piezas en diagonal con triángulos, así que pensé que ya era hora de cambiar de técnica.
Acababa de recibir una entrega de Moda Jelly Rolls y decidí usarla para confeccionar el *patchwork*.

Tamaño final

Aproximadamente 84 x 111 cm

Material

Las telas son 100% algodón

- **Para el cuerpo principal**
  1 Jelly Roll (telas ya combinadas, pero también se pueden usar 24 cuadrados del tamaño de un octavo de un *fat quarter* de telas variadas)
  Tela que combine para realizar los triángulos y la cenefa interior (mejor lisa)

- **Para el ribete** 50 cm de tela de un color que combine (la misma que para la cenefa interior)

- **Para la parte trasera** 104 x 133 cm

- **Guata** 104 x 133 cm

DISEÑO DEL «PATCHWORK»

CORTAR

1. Seleccionar 24 tiras del Jelly Roll (o de nuestras telas elegidas) y cortar rectángulos de 6,5 x 11,5 cm, los cuales numeraremos del 1 al 24.

2. De la tela restante, cortar 60 rectángulos de 6,5 x 11,5 cm.

3. De la tela para los triángulos y la cenefa interior, cortar dos tiras de 6,5 cm de ancho por el largo de la tela y cortarlas en cuadrados de 6,5 cm.

4. De esta misma tela, cortar cuatro tiras de 4 cm de ancho por el largo de la tela para las cenefas.

5. Cortar después, también de la tela lisa, cuatro cuadrados de 11,5 cm para los cuadrados que hacen esquina.

6. Cortar, también de la misma tela, 6,5 cm para el ribete.

FIGURA A

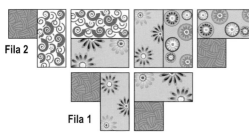

Fila 2

Fila 1

COSER

1. Utilizando la figura A y las instrucciones que la siguen, coser los cuadrados y rectángulos en bloques aplicando unos márgenes de costura de 0,75 cm.

2. Sujetar y unir los bloques con alfileres y coser en filas diagonales hasta haber completado las diez filas (figura **B**). Después, sujetar las filas con alfileres y coserlas.

FIGURA B

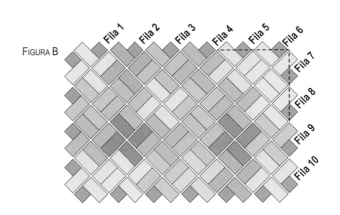

INSTRUCCIONES PARA LAS PIEZAS

Fila 1 Tela 1 más cuadrado
Tela 1 más cuadrado

Fila 2 Tela 3 más cuadrado
Tela 3 más tela 1
Tela 1 más tela 2
Tela 2 más cuadrado

Fila 3 Tela 4 más cuadrado
Tela 4 más tela 3
Tela 3 más tela 5
Tela 5 más tela 2
Tela 2 más tela 6
Tela 6 más cuadrado

Fila 4 Tela 7 más cuadrado
Tela 7 más tela 4
Tela 4 más tela 8
Tela 8 más tela 5
Tela 5 más tela 9
Tela 9 más tela 6
Tela 6 más tela 10
Tela 10 más cuadrado

Fila 5 Tela 11 más cuadrado
Tela 11 más tela 7
Tela 7 más tela 12
Tela 12 más tela 8
Tela 8 más tela 13
Tela 13 más tela 9
Tela 9 más tela 14
Tela 14 más tela 10
Tela 10 más cuadrado

Fila 6 Tela 15 más cuadrado
Tela 15 más tela 11
Tela 11 más tela 16
Tela 16 más tela 12
Tela 12 más tela 17
Tela 17 más tela 13
Tela 13 más tela 18
Tela 18 más tela 14
Tela 14 más cuadrado

Fila 7 Tela 15 más cuadrado
Tela 15 más tela 19
Tela 19 más tela 16
Tela 16 más tela 20
Tela 20 más tela 17
Tela 17 más tela 21
Tela 21 más tela 18
Tela 18 más cuadrado

Fila 8 Tela 19 más cuadrado
Tela 19 más tela 22
Tela 22 más tela 20
Tela 20 más tela 23
Tela 23 más tela 21
Tela 21 más cuadrado

Fila 9 Tela 22 más cuadrado
Tela 22 más tela 24
Tela 24 más tela 23
Tela 23 más cuadrado

Fila 10 Tela 24 más cuadrado
Tela 24 más cuadrado

> **NOTA** Será más fácil trabajar completando las filas diagonales una a una. Cuando se haya acabado cada fila, catalogar el número de fila que es para no liarse y terminar mezclándolas todas.

3. Recortar los bordes uniformemente en los cuatro lados, a 0,75 cm por fuera de la costura para que el *patchwork* mida aproximadamente 58,75 x 87,5 cm (figura **C**).

FIGURA C

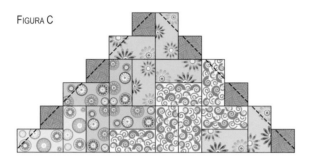

CENEFAS

1. Medir el ancho y el largo del *patchwork* para determinar la medida exacta de la cenefa. Después habra que cortar dos de la tiras de 4 cm para las cenefas estrechas a la medida apropiada y coserlas a los laterales del *patchwork*.

2. Medir el ancho de nuevo y cortar las otras dos tiras de 4 cm de ancho con la longitud correcta. Después, coser a la parte superior e inferior del *patchwork*.

3. El borde exterior está compuesto por las tiras que habían quedado al cortar los rectángulos. Se

necesitan 60 rectángulos de 6,5 x 11,5 cm (12 para los lados superior e inferior y 18 para los laterales). Coser los lados largos de los rectángulos juntos en dos tiras de 12 y dos tiras de 18.

4. Medir la altura del *patchwork* como antes y tomar las dos tiras hechas de 18 rectángulos, asegurándose de que las medidas coincidan. Sujetar con alfileres a los laterales del *patchwork*.

5. Volver a medir el ancho del *patchwork*, pero solo hasta el extremo de la cenefa interior, y añadir 1,25 cm. Cortar los bordes para que encajen y añadir los cuadrados en las esquinas. Después, asegurar al *patchwork* con alfileres.

PARA TERMINAR

1. Marcar el diseño del acolchado que queremos en el *patchwork*.

2. Extender el forro con el revés hacia arriba sobre una superficie lisa. Luego, trabajando desde el centro hacia el exterior, colocar la guata y la parte delantera del *patchwork*; esta última irá colocada con el derecho hacia arriba. Sujetar con alfileres; también se puede hilvanar para una mayor fijación. Hacer una cuadrícula, desde el centro hacia el exterior.

3. Acolchar a mano o a máquina, como mejores resultados obtengamos.

RIBETES

Puntear el ribete con costuras en diagonal para hacer una tira continua y encajarla alrededor del *patchwork*, haciendo un ribete de doble pliegue, con las esquinas en inglete.

Otra versión

El *patchwork* también puede
hacerse con los retales guardados,
añadiéndole bordes lisos. Si
tenemos muchas telas con diseños
y tonalidades diferentes de un
mismo color, podríamos usarlas en
lugar de comprar un Jelly Roll.

Caminos fantásticos

diseñado por Sally Ablett

Este bonito trabajo dará un toque encantador a cualquier dormitorio y es muy fácil de hacer. Resulta ideal para niños o niñas, y también es apropiado para adolescentes. Será tan versátil como nuestra propia imaginación. Como siempre, la combinación de las telas es lo más importante porque de ella dependerá el resultado final.

Tamaño final

Aproximadamente 118 x 153,75 cm

Material

Todas las telas son 100% algodón

- **Para el cuerpo principal**
  Tela para el fondo: 2,3 m
  Tela rosa: 34 cm
  Tela morada oscura: 34 cm
  Tela morada clarita: 34 cm
  Tela amarilla: 34 cm
  Tela azul: 34 cm
  Tela naranja: 34 cm
  Tela verde: 50 cm

- **Para la parte trasera**
  138,5 x 174 cm

- **Guata** 138,5 x 174 cm

DISEÑO DEL «PATCHWORK»

CORTAR

Tela para el fondo

- 48 tiras de 6,5 x 22 cm.
- 82 tiras de 4,75 x 17,5 cm; recortar 45 grados a cada lado de las piezas.
- 14 tiras de 4,75 x 9,25 cm; recortar 45 grados al lado derecho de las piezas.
- 14 tiras de 4,75 x 9,25; recortar 45 grados al lado izquierdo.
- Seis tiras de 5,5 cm de largo por el ancho de la tela para los ribetes.

Tela rosa

- Dos tiras de 6,5 x 37,25 cm para la parte superior e inferior de la cenefa.
- Ocho cuadrados de 12,5 cm, cortados por la mitad diagonalmente para obtener 16 triángulos.
- Ocho cuadrados de 7,25 cm cortados por la mitad diagonalmente para obtener 16 triángulos.
- Cuatro cuadrados de 6,5 cm.

Tela morada oscura

- Dos tiras de 6,5 x 37,5 cm para la cenefa.
- Cuatro cuadrados de 12,5 cm, cortados por la mitad diagonalmente para obtener ocho triángulos.
- Cuatro cuadrados de 9,5 cm, cortados por la mitad diagonalmente para obtener ocho triángulos.
- Un cuadrado de 10,25 cm, cortado por la mitad diagonalmente dos veces para obtener cuaro triángulos.
- Cuatro cuadrados de 7,25 cm, cortados por la mitad diagonalmente para obtener ocho triángulos.
- Dos cuadrados de 8 cm, cortados por la mitad diagonalmente dos veces para obtener ocho triángulos.
- Un cuadrado de 6,5 cm.

Tela morada clarita

- Dos tiras de 6,5 x 37,5 cm para la cenefa.
- Ocho cuadrados de 12,5 cm, cortados por la mitad diagonalmente para obtener 16 triángulos.
- Ocho cuadrados de 7,25 cm, cortados por la mitad diagonalmente para obtener 16 triángulos.
- Cuatro cuadrados de 6,5 cm.

Tela amarilla

- Dos tiras de 6,5 x 37,5 cm para la cenefa.
- Ocho cuadrados de 12,5 cm, cortados por la mitad diagonalmente para obtener 16 triángulos.
- Ocho cuadrados de 7,25 cm, cortados por la mitad diagonalmente para obtener 16 triángulos.
- Cuatro cuadrados de 6,5 cm.

Tela azul

- Dos tiras de 6,5 x 37,5 cm para la cenefa.
- Cinco cuadrados de 12,5 cm, cortados por la mitad diagonalmente para obtener diez triángulos.
- Cinco cuadrados de 7,25 cm, cortados por la mitad diagonalmente para obtener diez triángulos.
- Dos cuadrados de 9,5 cm, cortados por la mitad diagonalmente para obtener cuatro triángulos.
- Un cuadrado de 10,25 cm, cortado por la mitad diagonalmente dos veces para obtener cuatro triángulos.
- Una cuadrado de 8 cm, cortado por la mitad diagonalmente dos veces para obtener cuatro triángulos.
- Dos cuadrados de 6,5 cm.

FIGURA A

Tela verde

- Ocho tiras de 6,5 x 19 cm para la cenefa.

- Tres cuadrados de 12,5 cm, cortados por la mitad diagonalmente para obtener seis triángulos.
- Seis cuadrados de 9,5 cm, cortados por la mitad diagonalmente para obtener 12 triángulos.
- Tres cuadrados de 7,25 cm, cortados por la mitad diagonalmente para obtener seis triángulos.
- Dos cuadrados de 10,25 cm, cortados por la mitad diagonalmente dos veces para obtener ocho triángulos.
- Tres cuadrados de ocho cm, cortados por la mitad diagonalmente dos veces para obtener 12 triángulos.

Tela naranja

- Cinco cuadrados de 12,5 cm, cortados por la mitad diagonalmente para obtener diez triángulos.
- Dos cuadrados de 9,5 cm, cortados por la mitad diagonalmente para obtener cuatro triángulos.
- Cinco cuadrados de 7,25 cm, cortados por la mitad diagonalmente para obtener diez triángulos.
- Un cuadrado de 10,25 cm, cortado por la mitad diagonalmente dos veces para obtener cuatro triángulos.
- Un cuadrado de 8 cm, cortado por la mitad diagonalmente dos veces para obtener cuatro triángulos.
- Seis cuadrados de 6,5 cm.

COSER

El *patchwork* está hecho en cuatro cuartos de bloque, diez mitades de bloques y 18 bloques enteros. Hay que utilizar el diseño del *patchwork* de la página 60 como guía para las secuencias de colores y la colocación de los bloques.

1. La figura A muestra el bloque que hace esquina, que está hecho por dos mitades. Extender todas las piezas que requiere y coser las piezas 1, 2 y 3 en secuencia. Planchar las costuras hacia el triángulo grande y repetir los mismos pasos para la otra mitad. Coser las dos mitades juntas y añadir la banda. Hacer las otras esquinas siguiendo el mismo método.

2. La figura B muestra medio bloque; estos se usan a lo largo de los lados y la parte superior e inferior del *patchwork*. Extender las piezas que se requieren y coser las piezas 1, 2 y 3 en secuencia. Planchar las costuras hacia el triángulo grande y repetir los mismos pasos con las piezas 4, 5 y 6, y las piezas 7, 8 y 9. Ahora hay dos triángulos y un cuadrado. Coser estas tres piezas juntas para hacer un triángulo más grande siguiendo la secuencia de colores. Planchar las costuras. Después, hacer las otras nueve mitades de bloque siguiendo los mismos pasos.

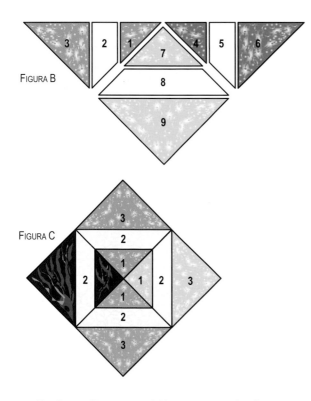

Figura B

Figura C

3. La figura C muestra el bloque entero, hecho a partir de cuatro cuadrados. Extender las piezas para cada bloque completo utilizando el diseño

del *patchwork* de la página 60 como guía. En cada bloque utilizar las piezas 1, 2 y 3 en secuencia para formar un cuadrado; planchar las costuras hacia el triángulo grande. Repetir estos pasos tres veces más para formar los cuatro cuadrados y coser juntos para formar el bloque. Coser una tira de la tela del fondo a la parte superior e inferior de cada bloque. Repetir este método hasta formar 18 bloques enteros.

UNIR LOS BLOQUES CON FILAS O TIRAS
El *patchwork* se forma uniendo filas en diagonal, cosiendo desde la esquina superior izquierda.

1. Utilizando el diseño del *patchwork* de la página 60 como guía, crear la pieza que va en la esquina y añadir los triángulos pequeños y las tiras.

2. Coser cada fila siguiendo los mismos pasos. Cuando todas las filas estén hechas, coserlas uniéndolas desde la esquina superior izquierda hasta la esquina inferior derecha.

CENEFA
1. Utilizando el diseño del *patchwork* de la página 60 como guía para ver cómo van unidos los colores e ir colocando las tiras que forman la cenefa.

2. Sujetar con alfileres la cenefa al *patchwork* y coser.

3. Añadir los cuadrados de las esquinas y coser.

PARA TERMINAR
1. Medir la altura y el ancho del *patchwork* y ajustar la guata y el forro para que coincidan perfectamente las medidas.

2. Extender el forro con el revés hacia arriba en una superficie lisa. Después, trabajando desde el centro hacia el exterior, colocar la guata y la parte delantera del *patchwork* (esta estará colocada con el derecho hacia arriba). Sujetar con alfileres. También se puede hilvanar para una mayor fijación. Hacer una cuadrícula desde el centro hacia el exterior.

3. Marcar el diseño de acolchado en el *patchwork*, y acolchar a mano o a máquina.

Otra versión

¿Por qué no ser atrevidos? Con telas que nos sobren y que no solamos usar, podemos hacer una mezcla que nos encantará y sorprenderá a nosotros mismos. Además, seguramente descubramos combinaciones de colores que antes no habíamos considerado y que nos fascinarán.

RIBETE

Coser el ribete con costuras en diagonal para hacer una tira continua y encajarla alrededor del *patchwork*, haciendo un ribete de doble pliegue con las esquinas en inglete.

Destellos de fuego

diseñado por Marion Patterson

Esta es una variación de la técnica «acolchar sobre la marcha»; requiere un poco más de esfuerzo, pero me encanta porque resalta mucho los colores. Cuanto más marcado sea el contraste entre los colores, mayor sensación de profundidad obtendremos. ¡Hay que atreverse! Este diseño es reversible, así que se puede usar por un lado u otro dependiendo de nuestro estado de ánimo.

Tamaño final

Aproximadamente 91,5 x 115 cm

Material

Todas las telas son 100% algodón

- **Para el cuerpo principal**
  Para la parte delantera del *patchwork* se necesita tela en dos colores diferentes, cada uno de ellos degradándose hacia su tonalidad más clara o más oscura:

  Tela 1 (la más oscura): 60 cm de cada color
  Tela 2: 50 cm de cada color
  Tela 3: 25 cm de cada color
  Tela 4: 25 cm de cada color
  Tela 5 (la más clara): 15 cm de cada color

- **Para el ribete**
  75 cm de tela de algún color que combine y contraste para la parte delantera (cara A)
  1 m de tela de algún color que combine y contraste para la parte trasera (cara B)

- **Para la parte trasera**
  20 cuadrados de 25,5 cm de una tela que combine o que sea diferente

- **Guata** 20 cuadrados de guata de 24 cm

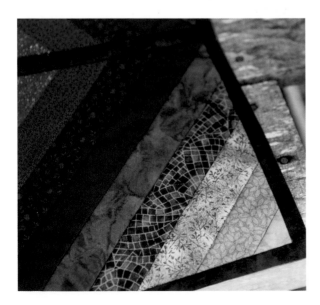

DISEÑO DEL «PATCHWORK»

CORTAR

Las tiras se cortarán a lo largo de la tela. De cada grupo de color cortar las siguientes:

- **Tela 1** Cortar siete tiras de 4,5 cm de ancho, y , a su vez, cortarlas tiras de 35cm de largo.
- **Tela 2** Cortar siete tiras de 4,5 cm de ancho, y, a su vez, cortarlas en tiras de 29,25 cm de largo.
- **Tela 3** Cortar seis tiras de 4,5 cm de ancho, y, a su vez, cortarlas en tiras de 24 cm de largo.
- **Tela 4** Cortar cuatro tiras de 4,5 cm de ancho, y, a su vez, cortarlas, en tiras de 16,5 cm de largo.
- **Tela 5** Cortar dos tiras de 4,5 cm de ancho, y, a su vez, cortarlas en tiras de 10,25 cm de largo.
- **Tela para las bandas** Cortar nueve tiras de 2,75 cm de ancho de la tela para la cara A. Cortar nueve tiras de 4,75 cm de ancho de la tela para la cara B.
- **Ribetes** Cortar cuatro tiras de 2,75 cm de ancho de la tela para la cara A. Cortar cuatro tiras de 4,75 cm de ancho de la tela para la cara B.

COSER

1. Unir los 20 cuadrados de 25,5 cm por parejas, con el lado derecho frente a frente. Después dibujar una línea que baje en diagonal desde la esquina superior izquierda hasta la inferior derecha. Realizar dos costuras, cada una a cada lado de la línea, a 0,75 cm de esta. Así se consiguen dos cuadrados con dos triángulos de cada color. Repetir los mismos pasos para los diez pares (figura **A**).

2. Cortar por la línea y doblar los triángulos hacia fuera. Planchar las costuras hacia un lado (figura **B**).

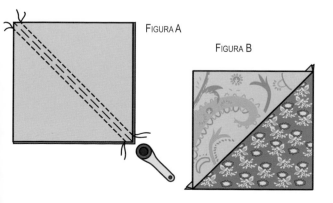

FIGURA A

FIGURA B

3. Dibujar una línea a 0,75 cm de la línea diagonal central de los cuadrados de guata. Sobre esta línea colocar las primeras tiras en la cara A del bloque.

4. Colocar los cuadrados de dos triángulos en la cara B de los cuadrados de 24 cm de guata, asegurándose de que la línea diagonal va en la diagonal contraria a los de la cara A. Si se desea, se pueden sujetar en su sitio con alfileres. De todas formas, al usar guata de algodón es suficiente con apretar un poco.

5. Dar la vuelta al bloque con la línea diagonal dibujada y colocar las tiras de 35 cm de la tela 1 (de ambos colores) sobre el bloque, con los lados derechos encontrados. Sujetar con alfileres y coser, dejando un margen de costura de 0,75 cm (figura **C**).

FIGURA C

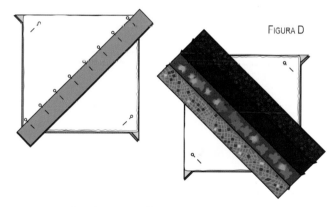

FIGURA D

6. Continuar añadiendo las tiras a cada lado de estas dos, rellenando con cada grupo de colores una mitad del bloque (figura **D**). Hacer la misma operación en los 20 bloques.

7. Cortar los bloques para formar cuadrados de 23 cm de lado, usando una regla transparente. Una vez que todos los bloques estén cortados a la medida, colocarlos en orden utilizando el diseño del *patchwork* de la página 66 como guía.

8. Si estamos satisfechos del resultado obtenido en la cara A del *patchwork*, hay que comprobar cómo ha quedado la cara B. Recordar que si se hace cualquier cambio en la cara B, esto afectará a la cada A. Comprobadas ambas caras, añadir las bandas.

9. Doblar la tira de 4,7 cm de ancho por la mitad con el revés hacia dentro y planchar. Alinear la tira de 2,75 cm con la cara A, y después colocar la otra mitad sobre la cara B (figura **E**).

Figura E

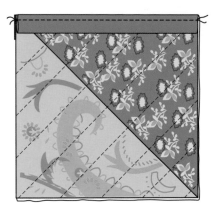

10. Sujetar con alfileres y coser ambas bandas al mismo tiempo en el primer bloque con un margen de costura de 0,75 cm. Cortar los bordes de las tiras para que encajen con el borde superior e inferior de la tira del *quilt*. Coser el segundo bloque de al lado sin rematar de la tira de 2,75 cm de la cara A. Continuar colocando y cosiendo las tiras entre los bloques hasta que se haya acabado con la fila (figura **F**).

Figura F

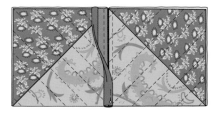

NOTA Los bordes de los dos márgenes de costura se pueden unir en el centro de la tira. Si queda un hueco entre los dos bordes, aumentar el margen de costura. Pero si los dos bordes se superponen, disminuir el margen de costura.

11. Sujetar en su sitio con alfileres el extremo doblado de cada tira de la cara B para cubrir los márgenes de costura y coser a mano.

12. Para juntar las filas seguir las mismas instrucciones que para unir los bloques, pero con tiras más largas. Si son necesarias tiras más largas de las que se dispone, se pueden unir con costuras en diagonal y luego usarlas. Hay que asegurarse de alinear las tiras verticales que hay entre los bloques antes de coser la siguiente fila.

PARA TERMINAR

1. Doblar la tira de 4,5 cm de ancho (de la tela que se ha cortado para los ribetes de la cara B) por la mitad a lo largo, con el revés hacia dentro, y planchar.

2. Con los lados derechos encontrados y los extremos alineados, sujetar con alfileres y después coser las tiras de ribetes de 2,75 cm de ancho y las que se acaban de doblar con un margen de costura de 0,75 cm. Planchar las costuras hacia fuera.

3. Primero coser los ribetes a cada lado del *quilt*, con los lados derechos frente a frente y los extremos coincidiendo. Coser la tira de una capa de ribete a la cara A del *quilt*.

4. Cortar los extremos de las tiras para que encajen con la parte superior e inferior del *quilt*. Doblar el ribete por la línea de costura y coser en su sitio por el revés (cara B).

5. Unir el ribete a la parte superior e inferior del *quilt* de la misma manera, pero dejando una tira de 1,25 cm al principio y al final. Doblar esta tira para después doblar el ribete como antes y coserlo bien en su sitio.

Otra versión

Este diseño puede realizarse también con otras medidas, solo hay que escalar las piezas. Se pueden usar tiras más estrechas o más anchas, o combinarlas. También se puede hacer este trabajo de *patchwork* más pequeño para elaborar cojines o mantelitos.

Cojín-manta original

diseñado por Sue Warren

Este proyecto es ideal para
tenerlo en el coche, la caravana, o
bien en casa, donde podrás usarlo
como un cojín, o abrirlo
y convertirlo en un trabajo de
patchwork para usarlo como
mantel para un *picnic* o como
una manta.

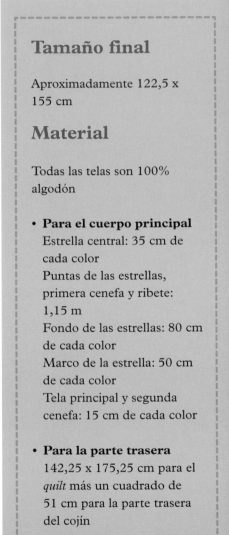

Tamaño final

Aproximadamente 122,5 x
155 cm

Material

Todas las telas son 100%
algodón

- **Para el cuerpo principal**
  Estrella central: 35 cm de
  cada color
  Puntas de las estrellas,
  primera cenefa y ribete:
  1,15 m
  Fondo de las estrellas: 80 cm
  de cada color
  Marco de la estrella: 50 cm
  de cada color
  Tela principal y segunda
  cenefa: 15 cm de cada color

- **Para la parte trasera**
  142,25 x 175,25 cm para el
  quilt más un cuadrado de
  51 cm para la parte trasera
  del cojín

- **Guata**
  142,25 x 175,25 cm para el
  quilt más un cuadrado de
  51 cm para la parte trasera
  del cojín

DISEÑO DEL «PATCHWORK»

CORTAR

Este proyecto está formado por 13 bloques: 12 para el *patchwork* principal y uno para la parte delantera del cojín. Hay que cortar cuatro tiras de 11,5 cm de ancho por el largo de la tela para la cenefa.

- **Para el fondo de la estrella** Cortar 52 rectángulos de 1,5 x 11,5 cm y 52 cuadrados de 6,5 cm.
- **Para las puntas de las estrellas** Cortar 104 cuadrados de 6,5 cm.
- **Para el centro de la estrella** Cortar 13 cuadrados de 11,5 cm.
- **Para el marco de la estrella** Cortar 26 tiras de 1,5 x 21,5 cm y 26 tiras de 2,5 x 24 cm.
- **Tela principal** Cortar nueve cuadrados de 24 cm. Después, cortar cuatro cuadrados de 19 cm; volver a cortar por la diagonal para formar los triángulos de las esquinas. Cortar tres cuadrados de 35 cm; volver a cortar por la diagonal dos veces para formar 12 triángulos.
- **Para el ribete** Cortar seis tiras de 6,5 cm de ancho por el largo de la tela para los ribetes del *patchwork* principal y el cojín.

COSER

Estrella con dientes de sierra
Se necesitan 52 unidades para los 13 bloques de puntas de estrella.

1. Dibujar una línea diagonal en el revés de cada cuadrado de 6,5 cm para las puntas de estrella.

2. Con los lados derechos encontrados, colocar un cuadrado de punta de estrella en uno de los extremos de los rectángulos para el fondo de las puntas de la estrella. Alinear los extremos, sujetar con alfileres y coser a lo largo de la línea dibujada.

3. Recortar el exceso de tela a más de 0,75 cm de la línea de costura.

4. Planchar el triángulo de la estrella hacia atrás, dejando la costura hacia la tela del fondo.

5. Repetir los mismos pasos hacia el otro lado. La unidad una vez acabada debe medir 6,5 x 11,5 cm.

FIGURA A

6. Usar los cuadrados de 6,5 cm para el fondo y los cuadrados para el centro de las estrellas a fin de hacer 13 bloques como los mostrados en la figura A. El bloque final deberá medir 22 x 22 cm.

7. Coser las tiras de 2,5 x 22 cm para el marco de la estrella: una en la parte superior y otra en la inferior del bloque.

8. Después, coser las otras tiras de 2,5 x 24 cm a los lados del bloque. Ahora el bloque debe medir 24 x 24 cm.

9. Unir y coser los bloques formando filas diagonales, añadiendo los triángulos de las esquinas, como se muestra en la figura inferior. Para asegurarse de que las esquinas son cuadradas, encontrar el centro de los triángulos para las esquinas y unirlo con el centro del bloque (figura **B**).

FIGURA B

CENEFAS

1. La primera cenefa mide 4 cm de ancho. Medir el ancho exacto del *patchwork*, cortar la tela para las cenefas a esta medida y coser a la parte superior e inferior del *patchwork*. Medir ahora la altura del *patchwork*. Si la longitud de tela para las tiras no fuese suficiente, unir varias tiras con costuras diagonales y, después, coser a cada lateral del *patchwork*.

2. Medir la segunda cenefa igual que se ha hecho con la primera.

PARA TERMINAR

1. Medir la altura y el ancho del *patchwork* y ajustar la guata y el forro para que coincidan las medidas.

2. Extender el forro con el revés hacia arriba sobre una superficie lisa. Después, trabajando desde el centro hacia el exterior, poner encima la guata y la parte delantera del *patchwork*; esta última irá colocada con el derecho hacia arriba. Sujetar con alfileres; también se puede hilvanar para conseguir una mayor fijación. Hacer una cuadrícula desde el centro hacia el exterior.

3. Marcar el diseño de acolchado en el *patchwork*, y acolchar a mano o a máquina.

Figura C

PARTE DELANTERA DEL COJÍN

1. Coser triángulos-rectángulos (triángulos obtenidos cortando cuadrados por la diagonal) al bloque de estrella que ha sobrado (figura **C**).

2. Coser una tira de 7,5 x 33,75 cm de la tela que se ha usado para la cenefa interior a los bordes superior e inferior del cojín. Después, añadir dos tiras de 7,5 x 46,5 cm a cada lado.

3. Colocar la guata del cojín sobre una superficie de trabajo, y sobre ella poner el forro con el derecho hacia arriba. Colocar sobre el forro el bloque de la estrella con el revés hacia arriba. Sujetar las tres capas con alfileres y unir dejando sin coser el borde superior del cojín.

4. Recortar un poco las esquinas y darle la vuelta. Pasar los dedos por los bordes para que queden bien estirados e hilvanar. Acolchar el cojín como se desee.

5. Colocar la parte delantera del cojín en el centro de uno de los extremos estrechos del *patchwork*; alinear los bordes del *patchwork* y del cojín. El derecho del cojín tiene que quedar frente al forro del *patchwork*. Hilvanar los dos laterales del cojín y acolchar juntos.

RIBETES

1. Alinear los extremos del ribete con los extremos de la parte delantera del *patchwork*, asegurándose de que la parte delantera del cojín queda cosida cuando se añada el ribete. Unir las tiras del ribete con costuras en diagonal para formar una sola tira muy larga que encaje a lo largo de todo el *patchwork*. Realizar un ribete de doble pliegue, haciendo las esquinas en inglete.

2. Girar el ribete hacia la parte trasera del *patchwork* y coser con puntadas invisibles. Con este mismo tipo de puntada coser los dos lados del cojín a la parte trasera del *patchwork*, dejando la parte de abajo abierta, y asegurándose de que las puntadas no se ven en la parte superior. Dar unas puntadas extra en las esquinas para que tengan más firmeza y resistencia.

Otra versión

Se pueden crear muchos cojín-manta (*quillows* en inglés) diferentes para distintos estados de ánimo, o para habitaciones distintas. Este diseño queda muy bien en colores fuertes para tenerlo en el exterior; en tonos suaves para regalárselo a una persona mayor; o confeccionado con telas alegres y llamativas para los niños o adolescentes. El límite de la creatividad lo pone nuestra propia imaginación.

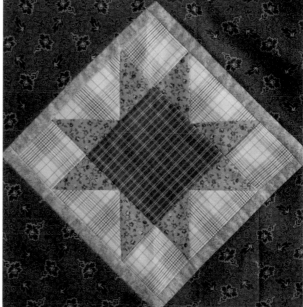

Formas libres

diseñado por Marion Patterson

Un día estaba jugando con algunas telas y se me ocurrió la idea de hacer un *patchwork* formado por varios bloques. En cada bloque incluiría nueve trozos de telas diferentes, cortados con la forma que quisiera y que encajasen entre sí. Espero que disfrutéis haciéndolo tanto como yo lo he hecho.

Tamaño final

Aproximadamente 96,5 x 134,5 cm

Material

Todas las telas son 100% algodón

- **Para el cuerpo principal** Ocho cuadrados de tela de 35 cm (se necesitan al menos cuatro telas diferentes)

NOTA: Almidonar un poco las telas, para que sean más fáciles de manejar.

- **Para las cenefas y los triángulos de las esquinas y laterales** 1,4 m de tela de un color que combine

- **Para la parte trasera** 117 x 155 cm

- **Para los ribetes** 35 cm de tela de un color que combine bien

- **Guata** 117 x 155 cm

DISEÑO DEL «PATCHWORK»

CORTAR

1. Cortar ocho cuadrados de 35 cm.

2. De la tela para los triángulos, cortar primero las tiras para la cenefa. Para ello, cortar cuatro tiras de 10,25 cm de ancho por el largo de la tela, en el sentido de la trama de la tela. Estas se cortarán a su tamaño definitivo cuando la parte superior esté colocada.

3. Cortar dos cuadrados de 42,5 cm con la misma tela de la cenefa para hacer los triángulos de los laterales. Cortar cada uno de los triángulos por la mitad diagonalmente dos veces; con esto se consiguen ocho cuadrados, aunque solo hay que utilizar seis.

4. También hay que cortar dos cuadrados de 22 cm para los triángulos de las esquinas. Cortar estos por la mitad diagonalmente para conseguir cuatro triángulos, que se utilizarán para las esquinas del *patchwork*.

5. De la tela para los ribetes cortar cinco tiras de 6,5 cm de ancho por la longitud de la tela.

CORTAR Y COSER

Empezar por asegurarse de que los cuadrados de 35,5 cm estén bien planchados, y si es posible, ligeramente almidonados.

Corte 1

1. Colocar los cuadrados unos encima de otros con el derecho hacia arriba sobre la base de corte. Manteniendo los cuadrados juntos, realizar el primer corte a un tercio del borde derecho del cuadrado, trazando una pequeña curva desde la parte inferior a la superior del cuadrado.

2. Manteniendo los cuadrados en orden, mover los primeros tres del lado derecho a la parte inferior de un montón. Colocar dos piezas de cada capa con los lados derechos enfrentados (pieza 1 con la pieza 2 encima). Las curvas han de ir en dirección contraria (figura **A**).

FIGURA A

3. Coser las piezas juntas colocando sus extremos en su posición conforme se cosen. Mientras que las curvas no sean demasiado cerradas no es necesario sujetar la tela con alfileres antes de coser, solo en caso de ser necesario. Realizar una costura a 0,75 cm del borde, con las puntadas lo más juntas posible. No hay que preocuparse si los extremos no coinciden exactamente, pues se recortarán y ajustarán luego. Ir cosiendo las piezas del montón, asegurándose de que se cosen los cuadrados en orden.

4. Planchar las costuras hacia un lado. Para facilitar la tarea, se puede utilizar un vaporizador con un poco de agua, ya que humedecer ligeramente la tela servirá para que las costuras queden lisas.

Corte 2

5. Manteniendo los cuadrados en el orden que se han cosido, darles la vuelta 180 grados, de modo que la costura quede ahora en el lado izquierdo. Hacer un segundo corte, como se ha hecho antes, aproximadamente a un tercio del borde derecho del cuadrado.

6. Mover la primera pieza del montón de la derecha hacia abajo. Coser las piezas juntas como se ha hecho antes y planchar (figura **B**).

FIGURA B

Corte 3

7. Disponer los cuadrados sobre la base de corte como antes (de nuevo manteniéndolos en orden). Después, girar todos los cuadrados 90 grados hacia la izquierda o derecha, de modo que las líneas verticales queden horizontales. Realizar el tercer corte como se ha hecho antes, en el lado derecho del cuadrado.

8. Mover las tres capas del montón de la derecha hacia abajo. Coser las piezas juntas como se ha hecho antes y planchar (figura **C**).

FIGURA C

Corte 4

9. Colocar los cuadrados tras plancharlos otra vez sobre la base de corte y girarlos 180 grados, para retalizar el cuarto corte otra vez al lado derecho del cuadrado.

10. Mover la primera pieza a la parte de abajo del montón. Coser y planchar. Después, cortar hasta 29,25 cm (figura **D**).

FIGURA D

11. Añadir los triángulos de los laterales a los cuadrados. Unir las filas en diagonal y añadir los triángulos de las esquinas (figura **E**).

FIGURA E

CENEFAS

1. Medir la altura del *patchwork* para determinar el tamaño exacto de las tiras de las cenefas. Cortar dos de las tiras a esta medida y coser a los lados. Planchar las costuras hacia los bordes.

2. Medir el ancho exacto del *patchwork* de lado a lado para cortar las otras dos tiras a la medida adecuada. Coser las tiras a esta medida y unir a la parte superior e inferior del *patchwork*. Planchar las costuras hacia los bordes.

PARA TERMINAR

Marcar el diseño de acolchado del *patchwork* en la parte superior. Extender el forro con el revés sobre una superficie lisa. Después, trabajando desde el centro hacia el exterior, poner encima la guata y la parte delantera, que irá colocada con el derecho hacia arriba. Sujetar con alfileres; también se puede hilvanar para conseguir una mayor fijación. Hacer una cuadrícula, desde el centro hacia el exterior.

RIBETES

Unir todas las tiras para el ribete en una sola con costuras en diagonal y ribetear el *patchwork* con ella, con un ribete de doble pliegue y las esquinas en inglete.

Otra versión

Se puede hacer este mismo proyecto usando telas brillantes con motivos infantiles. Resultará un vistoso *patchwork* para la habitación de un niño. Los bordes no tienen por qué ser siempre de los mismos tonos. Se puede confeccinar el *patchwork* en dos colores diferentes, o incluso con cuatro. De esta forma le daremos más variedad de color a nuestra labor.

Tapiz marino

diseñado por Marion Patterson

Hace unos años vi un *patchwork* con un diseño muy parecido al de este proyecto. Después vi otro hecho por Dawn Cameron Dick con el mismo estilo y decidí que debía hacer mi propio diseño. Tras varios intentos, llegué a esta versión hecha con patrones para la técnica de crear figuras con retazos diferentes.

Tamaño final

Aproximadamente 79 cm²

Material

Las telas son 100% algodón

- **«Foundation» o base** Calico o tejido de algodón estampado 70 cm²

- **Para el cuerpo principal** 11 colores que vayan desde el más oscuro al más claro

- **Telas** De la 1 a la 6: 15,5 cm de cada

- **Telas** De la 7 a la 11: 30 cm de cada

- **Para la cenefa** 50 cm de tela de algún color que combine y contraste

- **Para la parte trasera** 99 cm²

- **Para el ribete** 35 cm de tela de algún color que combine y contraste

- **Guata** 99 cm²

DISEÑO DEL «PATCHWORK»

Colocar las telas en el orden en que vayan a ser usadas y numerarlas (por ejemplo, el triangulo oscuro del interior degradándose hasta la tira clara exterior). Asegurarse de que se deja tela de más para los márgenes de las costuras. Si es necesario que una tira sea de 1,25 cm de ancho, cortar como mínimo 3,5 cm de ancho. La tela sobrante se puede recortar conforme se añadan las filas.

DIBUJANDO LA «FOUNDATION»

1. Cortar un cuadrado de la *foundation* o base que se haya escogido de 70 cm². En caso de usar calico, habrá que almidonar un poco antes de dibujar el patrón, para que esté más estable mientras se trabaja sobre ella. Dibujar dos líneas diagonales en la pieza de la *foundation*, para obtener cuatro triángulos.

2. Dibujar una línea 2,5 cm hacia dentro de los cuatro extremos (si se quiere tener una banda exterior más ancha, dibujar esta línea a unos 4 o 5 cm de los extremos). Nombrar los lados de cada triángulo A, B y C (figura **A**). Las tiras de tela solo irán a los lados A y B, pero no al C.

3. Dibujar las filas en el calico. Usando un ancho de 1,25 cm, marcar las filas (figura **A**).

FIGURA A

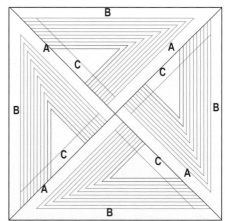

4. Una vez completados los cuatro cuadrados, cortarlos aparte por las líneas diagonales que se habían dibujado primero (figura **B**).

FIGURA B

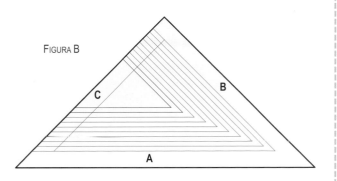

CORTAR

Todas las telas se cortarán a lo largo de la longitud de la tela.

1. **Tela 1** Cortar cuatro triángulos al menos 0,7 cm más grandes que el triángulo interior.

2. **Telas 2-6** Cortar dos tiras de 3,5 cm de ancho.

3. **Telas 7-10** Cortar cuatro tiras de 3,5 cm de ancho.

4. **Tela 11** Cortar cuatro tiras de 5 cm de ancho.

5. Para la cenefa, cortar cuatro tiras de 10,25 cm de ancho por la longitud de la tela.

6. Para los ribetes, cortaremos cuatro tiras de 6,5 cm de ancho por el largo de la tela.

> **NOTA** Es necesario acordarse de colocar la tela por el lado donde no estaban las líneas dibujadas. Hay que coser en el lado de las líneas dibujadas.

COSER

1. Colocar el triángulo central sobre la *foundation* y, empezando por el lado A, aplicar la primera fila. Luego, ponerla en el lado B (figura **C**).

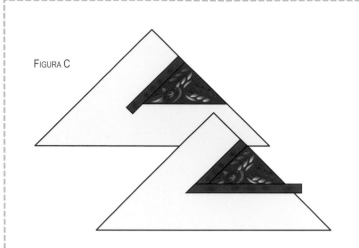

Figura C

2. Recortar el exceso de tela en los márgenes de costura conforme se avance la labor. Presionar con los dedos o pasar la plancha con delicadeza cada poco tiempo. Seguir añadiendo las diferentes tiras hasta que el triángulo esté completo y todas las tiras para el primer triángulo hayan sido añadidas. Hacer los otros tres triángulos con el mismo método.

Figura D

3. Cuando los cuatro triángulos estén completos, cortar los lados A y B para ajustarlos al tamaño de la «foundation» (figura **D**), acordándose de añadir el margen de costura.

4. Coser primero los triángulos por parejas. Después, sujetar con alfileres y coser juntas las dos parejas, asegurándose de que las filas y el diseño encajen. Planchar el *patchwork* cada vez que sea necesario y cuadrarlo.

CENEFAS

1. Medir la altura y el ancho del *patchwork* para comprobar las medidas y cortar las tiras para las cenefas de modo que encajen.

2. Añadir las cenefas como se suele hacer, realizando las esquinas en inglete.

PARA TERMINAR

1. Medir la altura y el ancho del *patchwork*, y ajustar la guata y el forro para que coincidan las medidas.

2. Extender el forro con el revés hacia arriba sobre una superficie lisa. Después, trabajando desde el centro hacia el exterior, poner encima la guata y la parte delantera del *patchwork*; esta última irá colocada con el derecho hacia arriba. Sujetar con alfileres; también se puede hilvanar para conseguir una mayor fijación. Hacer una cuadrícula, desde el centro hacia el exterior.

3. Marcar el diseño de acolchado en el *patchwork*, y acolchar a mano o a máquina.

RIBETES

1. Coser el ribete con costuras en diagonal para hacer una tira continua y encajarla alrededor del *patchwork*, realizando un ribete de doble pliegue, con las esquinas en inglete.

2. Si fuese necesario, añadirle un dispositivo para colgarlo en la pared.

> ## Truco
> Me gusta utilizar guata de algodón para los tapices, pues ayuda a que estos queden completamente lisos.

Otra versión

Se pueden colocar las tiras de distintas maneras para crear efectos diferentes (por ejemplo, de claro a oscuro en lugar de oscuro a claro). También se pueden hacer dos triángulos de claro a oscuro y dos de oscuro a claro. Lo mejor es ir probando algunas variantes hasta decantarse por una.

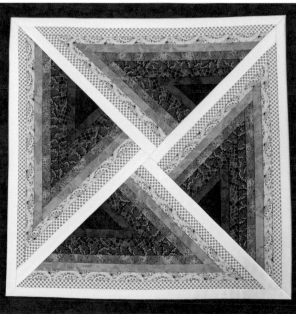

«Patchwork» de fantasía

diseñado por Marion Patterson

Estaba haciendo un *patchwork* con bloques de nueve piezas y me sobraban unas pocas. Me di cuenta de que cortando algunos bloques y reorganizándolos podía darle un efecto totalmente nuevo a un patrón muy básico. Decidí cortarlos y ver qué diseño crear, y el resultado fue este *patchwork*.

Tamaño final

Aproximadamente 118 x 183 cm

Material

Todas las telas son 100% algodón

- **Para el cuerpo principal**
  Tela 1 (azul oscuro): 2,25 m
  Tela 2 (azul claro): 1 m
  Tela 3 (verde): 1 m

- **Para la parte trasera**
  137 x 198 cm

- **Para los ribetes** 50 cm de tela de un color que combine

- **Guata** 137 x 198 cm

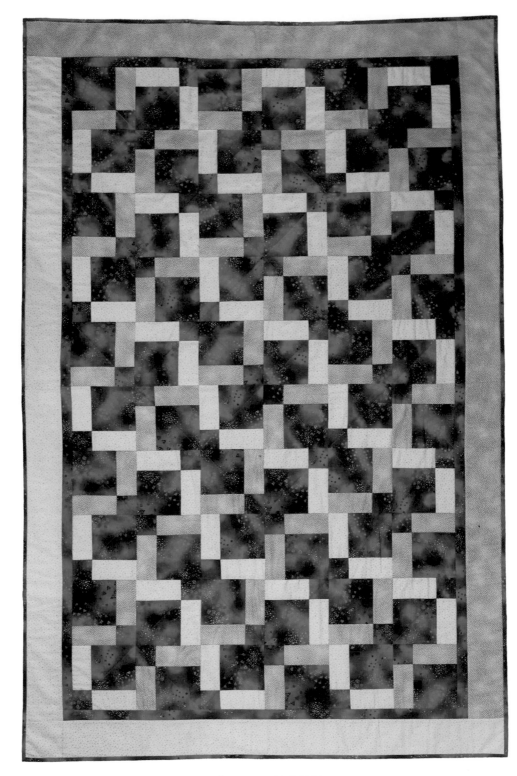

DISEÑO DEL «PATCHWORK»

CORTAR

Todas las tiras para los bloques de nueve se cortarán con la longitud de la tela.

Tela 1

Cortar diez tiras de 12 cm de ancho.
Cortar ocho tiras de 4 cm de ancho para la cenefa interior.

Tela 2

Cortar cuatro tiras de 12 cm de ancho.
Cortar tres tiras de 10,25 cm de ancho para la cenefa exterior.

Tela 3

Cortar cuatro tiras de 12 cm de ancho.
Cortar tres tiras de 10,25 cm de ancho para la cenefa exterior.

COSER

Hacer dos grupos de tiras como se indica a continuación:

Grupo 1

1. Tomar una tira de la tela 1 y otra de la tela 2, coser juntas, añadiendo otra tira de la tela 1 a la tela 2 (figura **A**). Hacer dos como esta.

FIGURA A

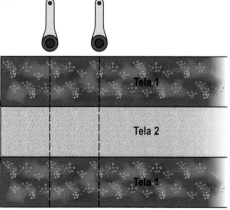

2. Tomar una tira de tela 1 y otra tira de tela 3, coser juntas, añadiendo después otra tira de la tela 1 a la tela 3 (figura **B**). Realizar dos como esta.

FIGURA B

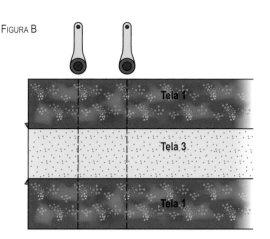

3. Planchar las costuras del grupo 1 hacia la tela 1. Cortar estas tiras perpendicularmente en tiras de 12 cm de ancho, como se muestra en las imágenes. Hay que obtener ocho tiras de cada tira grande.

Grupo 2

4. Tomar una tira de la tela 2 y otra de la tela 1 y coser juntas. Después, añadir otra tira de la tela 2 (figura **C**). Hacer solo una tira de este tipo.

FIGURA C

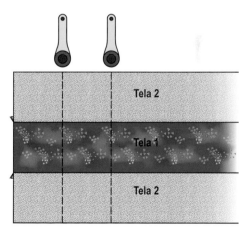

5. Coser juntas una tira de la tela 3 y otra de la tela 1, añadiendo después otra tira de la tela 3 (figura **D**). Realizar solo una tira de este tipo.

FIGURA D

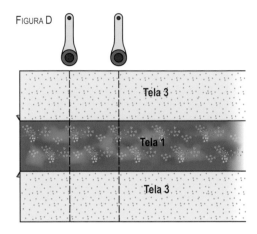

Tela 3

Tela 1

Tela 3

6. Planchar las costuras del grupo 2 hacia la tela 1. Cortar estas tiras perpendicularmente en tiras de 12 cm dc ancho, como se muestra en las imágenes. Hay que obtener ocho tiras de cada tira grande.

7. Colocar las tiras formando 16 bloques de 19 piezas. Cada bloque tendrá que medir aproximadamente 33,75 cm, como se muestra en la figura E.

- **Bloque 1:** Realizar ocho siguiendo este patrón:
  Tira del grupo 1 (a)
  Tira del grupo 2 (a)
  Tira del grupo 1 (a)

FIGURA E

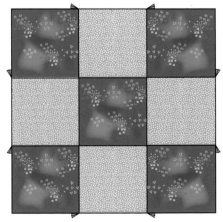

- **Bloque 2:** Realizar ocho siguiendo este patrón:
  Tira del grupo 1 (b)
  Tira del grupo 2 (b)
  Tira del grupo 1 (b)

8. Planchar las costuras. Cortar los bloques de nueve en cuatro bloques.

9. Colocar los nuevos bloques usando el diseño final de la página 90 como guía, cosiéndolos después en filas. Finalmente, coser las filas juntas, planchando las costuras conforme se avance.

CENEFAS

1. Añadir al *patchwork* las tiras estrechas de la cenefa interior. Medir la altura del *patchwork* a través del centro. Unir las tiras de 4 cm de ancho de la tela 1 a esta medida y después coserlas a los laterales del *patchwork*. Planchar las costuras hacia un lado.

2. Medir el ancho total. Tomar las tiras de 4 cm de ancho de la tela 1 que hayan sobrado y cortarlas para la parte superior e inferior del *patchwork* con estas medidas. Después, coser al *patchwork* y planchar las costuras hacia un lado.

3. Una vez que la cenefa interior esté completada, hay que volver a medir el *patchwork*, tanto vertical como horizontalmente, y añadir la cenefa exterior siguiendo el mismo método.

PARA TERMINAR

Medir de nuevo la altura y el ancho del *patchwork*, y ajustar la guata y el forro para que las medidas coincidan. Marcar el diseño del acolchado en el *patchwork*. Extender el forro con el revés hacia arriba sobre una superficie lisa. Luego, trabajando desde el centro hacia el exterior, poner encima la guata y la parte delantera; esta última irá colocada con el derecho hacia arriba. Sujetar con alfileres; también se puede hilvanar para conseguir una mayor fijación. Hacer una cuadrícula desde el centro hacia el exterior. Acolchar a mano o a máquina.

RIBETES

Coser el ribete con costuras en diagonal para hacer una tira continua y encajarla alrededor del *patchwork*, haciendo un ribete de doble pliegue, con las esquinas en inglete.

Otra versión

En lugar de usar tela corriente de algodón, se puede emplear algodón de franela para hacer un *patchwork* muy calentito, perfecto para las frías noches de invierno. Este tipo de labores tiene una vida larga y se le da mucho uso.

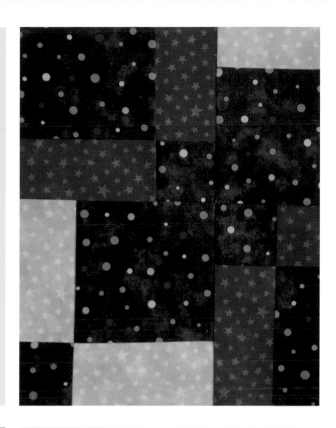

Espectacular como los diamantes

diseñado por Sally Ablett

Con tantos colores en este «arlequín» lleno de preciosos diamantes, este *patchwork* resaltará el encanto de cualquier habitación, y también servirá para usar un montón de restos de telas. Se puede hacer empleando tejidos en tonalidades brillantes o más suaves, según sea nuestro estilo.

Tamaño final

Aproximadamente 161 x 185,5 cm

Material

Todas las telas son 100% algodón

- **Para el cuerpo principal**
  30 *fat eighth*s (rectángulos de 55 x 22,5 cm) de diferentes telas
  3 m de tela para el fondo

- **Para la parte trasera**
  181,5 x 205,75 cm

- **Para el ribete** 50 cm si se hace utilizando una sola tela

NOTA El ribete para este proyecto se hizo cosiendo trozos de tela que habían sobrado. Si se quiere hacer lo mismo, hay que formar una tira de 7,2 m de largo por 5,5 cm de ancho.

- **Guata** 181,5 x 205,75 cm

- **Plástico para plantillas**

DISEÑO DEL «PATCHWORK»

CORTAR

1. Realizar todas las plantillas. Para hacer la plantilla D, dibujar la plantilla E restándole el margen de costura del lado más corto, dar la vuelta a la plantilla y completar el dibujo.

2. Cortar 144 piezas de las plantillas A y B usando una selección de colores al azar de las telas que se hayan escogido.

3. Cortar 144 piezas de la plantilla A usando la tela para el fondo.

4. Cortar 144 piezas de la plantilla B usando la tela para el fondo.

5. Cortar 12 piezas de la plantilla C usando la tela para el fondo.

6. Cortar 12 piezas de la plantilla D (ver paso 1) usando la tela para el fondo.

7. Cortar dos piezas derechas de la plantilla E y dos piezas izquierdas de esta plantilla.

8. Para la cenefa, cortar suficientes tiras de 6,5 x 9 cm en distintos colores, las cuales se colocarán alrededor del *patchwork*.

Plantilla E (también plantilla D, pero siguiendo las indicaciones del paso 1)

9. Cortar tiras de 5,5 cm de ancho por la longitud de la tela para conseguir el largo necesario.

COSER

En este *patchwork* solo se usa un tipo de bloque, así que será muy sencillo de hacer.

1. Colocar los colores para cada bloque usando el diseño de la página 96 como guía.

2. Coser la pieza 1 a la pieza 2, y la pieza 3 a la 4. A continuación, coser las dos piezas juntas para hacer medio bloque. Ir planchando las costuras conforme se avance.

3. Después, coser la pieza 5 a la 6, y la pieza 7 a la 8. De nuevo, coser juntas las dos piezas restantes.

4. Coser las dos mitades del bloque juntas y repetir los mismos pasos hasta completar 72 bloques en total (figura **A**).

5. Una vez hechos todos los bloques, colocarlos formando líneas diagonales en orden. Se puede seguir el diseño de la página anterior o hacerlo al gusto de cada uno. Colocar los triángulos en cada extremo de las líneas diagonales.

6. Comenzando por la esquina superior izquierda, completar la primera esquina y, después, ir cosiendo en filas diagonales, sin olvidarse de incluir los triángulos finales (figura **B**).

FIGURA A

FIGURA B

La plantilla está realizada al 50% de su tamaño original. Agrandar en una fotocopia.

CENEFAS

1. Medir la altura exacta del *patchwork*. Después, coser las tiras necesarias para formar las cenefas, de modo que cubran los laterales.

2. Sujetar las tiras con alfileres y coser al *patchwork*.

3. Medir el ancho del *patchwork*; coser las tiras para hacer la cenefa en la parte superior e inferior del mismo.

PARA TERMINAR

1. Medir la altura y el ancho del *patchwork*, y ajustar la guata y el forro para que coincidan las medidas.

2. Extender el forro con el revés hacia arriba sobre una superficie lisa. Después, trabajando desde el centro hacia el exterior, poner encima la guata y la parte delantera, que irá colocada con el derecho hacia arriba. Sujetar con alfileres; también se puede hilvanar para conseguir una mayor fijación. Hacer una cuadrícula, desde el centro hacia el exterior.

3. Marcar el diseño del acolchado en el *patchwork*, y acolchar a mano o a máquina.

RIBETES

Coser el ribete con costuras en diagonal para hacer una tira continua y encajarla alrededor, haciendo un ribete de doble pliegue, con las esquinas en inglete.

Truco Conviene cambiar las agujas de la máquina de coser con regularidad para dar mejores puntadas y, por lo tanto, mejores resultados. Si se usan telas de diferentes grosores, es recomendable almidonar las más finas para nivelar. Un hilo multicolor iría genial para este *patchwork*.

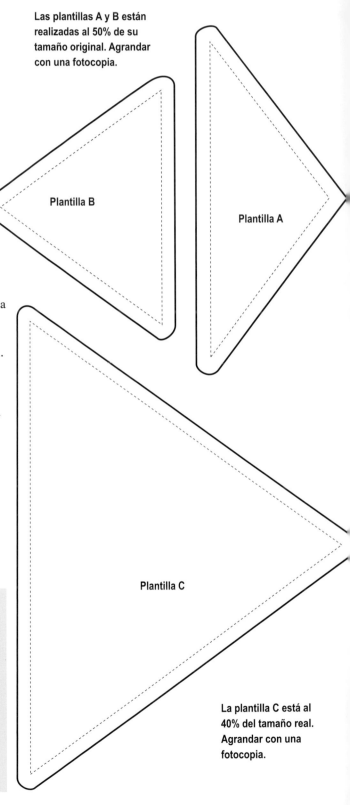

Las plantillas A y B están realizadas al 50% de su tamaño original. Agrandar con una fotocopia.

Plantilla B

Plantilla A

Plantilla C

La plantilla C está al 40% del tamaño real. Agrandar con una fotocopia.

Otra versión

Podemos usar este sencillo diseño para practicar diferentes mezclas cromáticas. Por ejemplo, comenzando con tonos más oscuros en el centro, que vayan aclarándose hacia los extremos.

Mantita novedosa

diseñado por Sue Warren

Este pequeño *patchwork* es un proyecto perfecto para poner en práctica el corte circular y elaborar las piezas muy rápidamente. Se puede hacer para un recién nacido y, cuando ya no lo use, servirá de mantita para las muñecas.

Tamaño final

Aproximadamente 72,5 x 52 cm

Material

Todas las telas son 100% algodón

- **Para el cuerpo principal y las tiras de «patchwork»**
  Tela clara: 50 cm
  Tela oscura: 50 cm

- **Para la parte trasera**
  92,75 x 72,50 cm

- **Para cenefas ribetes y bandas** 60 cm de una tela de un color que combine

- **Guata** 92,75 x 72,50 cm

CORTAR

Las tiras se cortan con el largo de la longitud de la tela.

1. Cortar una tira de 6,5 x 48,25 cm de tela clara y otra tira de tela oscura del mismo tamaño para el patrón de las teclas de piano.

2. Cortar una tira de 6,5 x 53,3 cm de tela clara y otra de tela oscura del mismo tamaño para el patrón de tablero.

3. Cortar dos tiras de 7,5 cm por el largo de la tela; una de tela clara y otra de tela oscura. Usar estas tiras para los molinillos, cortando ocho cuadrados de 7,5 cm de cada tela.

4. Cortar dos cuadrados de 13,3 cm de cada una de las dos telas para los triángulos de cuarto de cuadrado.

5. Cortar una tira de 6,5 cm de ancho por el largo de la tela oscura para el patrón *Flying Geese*. Después, cortar esta tira en ocho rectángulos de 6,5 x 11,5 cm.

6. Cortar una tira de 6,5 cm de ancho por el largo de la tela clara para el patrón *Flying Geese*. De esta tira, cortar 16 cuadrados de 6,5 cm.

7. Cortar dos tiras de 4 cm de ancho por el largo de la tela y, después, cortarlas en cuatro tiras de 4 x 42,5 cm para las bandas horizontales.

8. Cortar una tira de 6,5 cm de ancho por el largo de la tela, cortándola a continuación en dos tiras de 6,5 x 42 cm para las partes superior e inferior de la cenefa.

9. Cortar dos tiras de 6,5 x 72,5 cm para los laterales de la cenefa.

10. Cortar tres tiras de 5,5 cm de ancho para los ribetes.

FIGURA A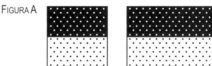

COSER

Teclas de piano (figuras **A** y **B**)

1. Con los lados derechos encontrados, coser a lo largo de uno de los bordes largos.

2. Planchar los márgenes de costura hacia la tela oscura; la tira deberá medir 11,5 cm de ancho.

3. Cortar la tira en cuatro fragmentos de 11,5 cm.

DISEÑO DEL «PATCHWORK»

4. Coser las piezas juntas, tal como se muestra en la figura B; después coser las costuras hacia la tela B. La tira final debe medir 11,5 x 42 cm.

FIGURA B

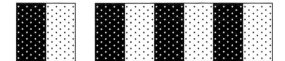

Tablero (figura **C**)

1. Seguir los primeros dos pasos de las teclas del piano.

2. Cortaremos las tiras en ocho piezas de 6,5 cm. La tira final debe medir 11,5 x 42 cm.

FIGURA C

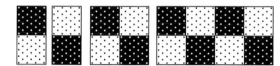

Molinillos (figuras **D** y **E**)

1. Dibujar una línea diagonal por el revés de cada uno de los cuadrados de tela clara, asegurándose de que vaya de esquina a esquina.

2. Con los lados derechos encontrados, colocar un cuadrado blanco y otro negro frente a frente, realizando dos costuras diagonales, cada una a 0,75 cm de la línea diagonal central.

3. Cortar a lo largo de la línea dibujada, abrir los dos triángulos y coser los márgenes de costura hacia la tela oscura.

4. Cortar el cuadrado para que mida 6,5 x 6,5 cm, cortando los extremos de los márgenes de costura para que no sobresalgan por las esquinas del cuadrado.

FIGURA D

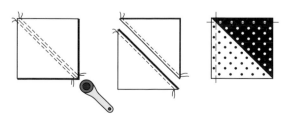

5. Cortar cuatro cuadrados juntos para hacer un molinillo; el bloque de cuatro cuadrados que forma un molinillo deberá medir 11,5 x 11,5 cm. Confeccionar una tira juntando cuatro bloques de molinillo. Planchar las costuras. La tira final debe medir 11,5 x 42 cm.

FIGURA E

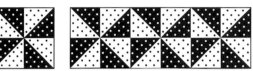

Triángulos de cuarto de cuadrado (figura **F**)

1. Seguir los primeros tres pasos de los molinillos.

2. Dibujar una línea diagonal por el revés de la tela que crea una X con la diagonal que forma la costura.

3. Colocar las piezas derecho frente a derecho, con el triángulo oscuro sobre el clarito, y viceversa. Juntar ambas costuras y hacer dos costuras, una a cada lado de la línea dibujada, a 0,75 cm de esta. Cortar a lo largo de la línea dibujada, separar las mitades y planchar. La unidad final medirá 11,75 x 11,75 cm.

4. Unir cuatro de estas unidades para hacer la tira. La tira final debe medir 11,5 x 42 cm.

FIGURA F

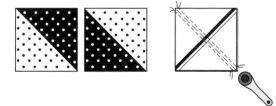

«Flying Geese» (figuras **G** y **H**)

1. Dibujar una línea diagonal sobre el revés de cada uno de los cuadrados de 6,5 x 6,5 cm, asegurándose de que vaya de esquina a esquina.

2. Colocar un cuadrado claro sobre uno de los extremos de uno de los rectángulos oscuros, con los lados derechos enfrentados, asegurándose de que los extremos coincidan, y coser a lo largo de la línea dibujada. Cortar a 0,75 cm de la línea de costura y planchar hacia la tela clara.

3. Repetir los mismos pasos para el otro lado. Cada unidad debe medir 6,5 x 11,5 cm (figura **G**).

Figura G

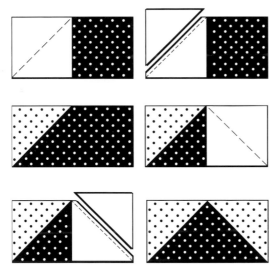

4. Unir ocho de estos bloques para formar una tira que medirá 11,5 x 42,5 cm (figura **H**).

Figura H

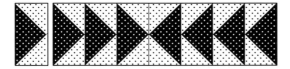

CENEFAS

1. Medir el ancho del *patchwork* de lado a lado y, después, cortar las dos tiras de la cenefa en la parte superior e inferior del *patchwork*.

2. Medir la altura del *patchwork* y coser las dos tiras de la cenefa en los laterales del mismo (figura **I**).

Figura 1

PARA TERMINAR

1. Marcar el diseño de acolchado del *patchwork* sobre la parte delantera del mismo.

2. Extender el forro con el revés hacia arriba sobre una superficie lisa. Después, trabajando desde el centro hacia el exterior, poner encima la guata y la parte delantera, que irá colocada con el derecho hacia arriba. Sujetar con alfileres; también se puede hilvanar para conseguir una mayor fijación. Hacer una cuadrícula, desde el centro hacia el exterior.

3. Coser, y acolchar a mano o a máquina.

RIBETES

Coser el ribete con costuras en diagonal para hacer una tira continua y encajarla alrededor del *patchwork*, realizando un ribete de doble pliegue, con las esquinas en inglete.

Otra versión

Divirtámonos haciendo juegos de colores para este *patchwork*. Puede quedar genial con telas en tonos llamativos o pastel. También se puede usar como tapiz en lugar de como mantita. O se pueden hacer todas ellas para sentirnos satisfechos. Todo depende de las ganas que se tengan.

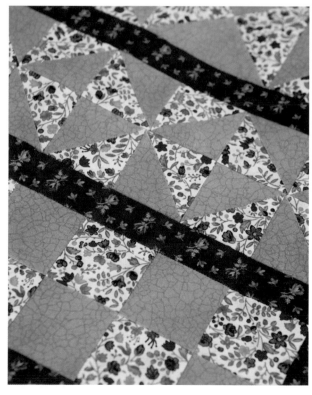

Troncos cromáticos

diseñado por Sue Warren

Los troncos están hechos cortando tiras de diferentes telas con una longitud entre 2 y 6 cm. No hay necesidad de ser muy exacto al cortar las tiras porque lo ideal es dar rienda suelta a nuestra creatividad. Para este *patchwork* quedará mejor una guata con poco volumen.

Tamaño final

Aproximadamente 99 x 68,5 cm

Material

Todas las telas son 100% algodón

- **Para el cuerpo principal** Una variedad de trozos de tela que combinen entre sí, consiguiendo unos 70 cm en total

- **Para la parte trasera** 109 x 79 cm

- **Para las bandas y la cenefa** 70 cm

- **Guata** 109 x 79 cm

Truco

Cuando realicemos los bloques no es necesario dejar un margen de costura de 0,75 cm, siempre y cuando cosamos en línea recta.

CORTAR

Tela para bandas y cenefas:
- Tres tiras de 9 x 24 cm.
- Cuatro tiras de 9 x 54,75 cm.
- Dos tiras de 9 x 100,25 cm.

Tela usada para los troncos:
- Tiras de 6,5 cm de ancho de diferentes longitudes para los ribetes (tienen que medir 3,7 cm de longitud total).

COSER

1. De una de las telas para los troncos cortar un cuadrilátero irregular para el centro (figura **A**).

2. Con los lados derechos encontrados, coser el primer tronco a cualquier lado de la pieza central, dejando que los extremos del tronco vayan más allá de los extremos de la pieza central.

3. Cortar los extremos de este primer tronco haciendo ángulo con los de la pieza central.

4. Continuar cosiendo y cortando los troncos (figura **B**). No es necesario seguir siempre los turnos añadiendo troncos; algún lado puede tener más troncos que otro, desplazando la figura central del medio.

FIGURA A

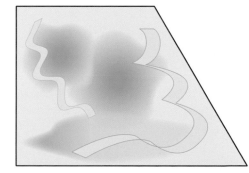

FIGURA B

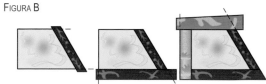

DISEÑO DEL «PATCHWORK»

5. Continuar añadiendo tiras hasta que la medida sea algo mayor de 24 cm².

6. Colocar una regla cuadrada de plástico, de 24 cm, sobre el conjunto de troncos y cortar la tela que sobresalga. Si no se tuviera una regla, se puede cortar un trozo de cartón duro con esta misma medida. Realizar seis bloques como este (figura **C**).

Figura C

7. Juntar y coser tres parejas de bloques, uniéndolas a las bandas.

8. Coser una banda entre las tres parejas y a las partes superior e inferior del *patchwork*.

9. Coser una tira de 9 x 10, 25 cm en cada lado (figura **D**).

Figura D

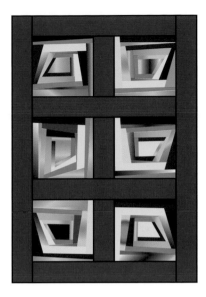

PARA TERMINAR

1. Medir la altura y el ancho del *patchwork*, y ajustar la guata y el forro para que coincidan las medidas.

2. Extender el forro con el revés hacia arriba sobre una superficie lisa. Después, trabajando desde el centro hacia el exterior, poner encima la guata y la parte delantera, que irá colocada con el derecho hacia arriba. Sujetar con alfileres; también se puede hilvanar para conseguir una mayor fijación. Hacer una cuadrícula, desde el centro hacia el exterior.

3. Marcar el diseño de acolchado, y acolchar a mano o a máquina.

RIBETES

Coser el ribete con costuras en diagonal para hacer una tira continua y encajarla alrededor del *patchwork*, haciendo un ribete de doble pliegue, con las esquinas en inglete.

Otra versión

Hay que controlar los colores que se usen en este *patchwork* para que conjunten bien entre sí y tengan un acabado armonioso. No es necesario limitar el proyecto a nueve bloques. Se puede hacer más grande o incluso más pequeño, usando un solo bloque para hacer un cojín.

Mantel floral

diseñado por Marion Patterson

Para la confección de este *patchwork* he empleado un pack de *charm squares* (paquete de 42 cuadrados de tela coordinados, de 12,5 x 12,5 cm). Una amiga mía quería un diseño muy fácil y rápido de hacer para regalarle un mantel a su madre. Usando un patrón sencillo, realicé un diseño que se puede hacer en tan solo un fin de semana.

Tamaño final

Aproximadamente 118 x 153,75 cm

Material

Todas las telas son 100% algodón

- **Para el cuerpo principal** 50 cuadrados diferentes de 12,75 cm o un paquete que *charm squares* de al menos 50 cuadrados de 12,75 cm

- **Para los triángulos laterales y la cenefa** Tela de un color que combine, 56 cm

- **Para la parte trasera** 112 x 127 cm

- **Para el ribete** 35 cm de tela de un color que combine

- **Guata** 112 x 127 cm

DISEÑO DEL «PATCHWORK»

CORTAR

De la tela para las cenefas cortar:

1. Cuatro tiras de 5 cm de ancho por el largo de la tela para la cenefa.

2. Una tira de 19,5 cm de ancho por el largo de la tela. Después, cortar esta en cuadrados de 19,75 cm. Estos cuadrados, a su vez, serán cortados en cuartos por sus diagonales. Son necesarios 18 triángulos.

3. Dos cuadrados de 10,5 cm cortados por la mitad en diagonal para obtener los cuatro triángulos de las esquinas.

4. De la tela para el ribete cortar cinco tiras de 5,75 cm de ancho por el largo de la tela.

COSER

1. Juntar y coser los cuadrados en filas diagonales (añadiendo los triángulos de los extremos). Coser cada fila en orden, numerándolas para que sea más fácil unirlas (figura **A**).

2. Cuando todas las filas estén dispuestas, sujetar con alfileres y coser. Planchar las costuras hacia un lado. Si las costuras de la fila 1 se planchan hacia la derecha, entonces planchar las de la fila 2 hacia la izquierda, la fila 3 hacia la derecha y así sucesivamente. Esto ayudará a reducir volumen indeseado.

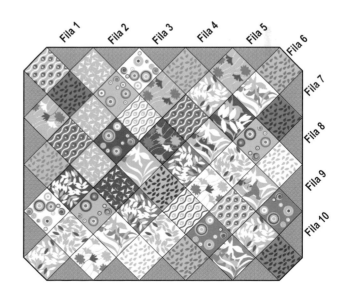

FIGURA A

FIGURA B

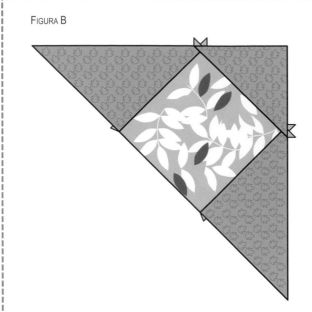

PARA TERMINAR

1. Marcar el diseño del acolchado sobre el *patchwork*.

2. Extender el forro con el revés hacia arriba sobre una superficie lisa. Después, trabajando desde el centro hacia el exterior, poner encima la guata y la parte delantera, que irá colocada con el derecho hacia arriba. Sujetar con alfileres; también se puede hilvanar para conseguir una mayor fijación. Hacer una cuadrícula, desde el centro hacia el exterior.

3. Marcar el diseño de acolchado en el *patchwork*, y acolchar a mano o a máquina.

3. Añadir los triángulos de las esquinas (figura **B**).

4. Medir la altura del *patchwork* para determinar la medida exacta de la cenefa. Cortar dos de las tiras de 5 cm de ancho a la medida apropiada y coser a los laterales.

5. Después, medir el ancho, cortar las otras dos tiras con la longitud correcta y añadir a las partes superior e inferior.

Truco Es recomendable usar una guata que sea 100% algodón, ya que la tela se adherirá a ella con mucha más facilidad. Es mejor no utilizar guata de poliéster, pues hace que la tela se escurra.

Otra versión

Este patrón es simple pero muy adaptable: no es necesario usarlo como mantel o tapete, pues también se puede utilizar como mantita o tapiz. Se pueden emplear solo dos colores y realizar un patrón de tablero, o bien mezclar muchas telas para resaltar su diseño.

Con aire campestre

diseñado por Marion Patterson

Hace tiempo, un cliente vino a preguntarme si podía echarle una mano con un *patchwork* que estaba haciendo utilizando triángulos de cuarto de cuadrado. Tenía problemas con los extremos sin rematar, pues los bordes se le deformaban y los bloques le salían con diferentes medidas.

Tamaño final

Aproximadamente 94 x 112,5 cm

Material

Todas las telas son 100% algodón

- **Para el cuerpo principal** 20 cuadrados de 25,5 cm de diferentes telas

- **Para la parte trasera** 1,4 m

- **Para las bandas y los ribetes** 1 m de tela de un color que combine

- **Guata** 1,2 m

NOTA Es esencial que la máquina de coser disponga de un prensatelas móvil, pues se acolcha sobre la marcha, a través de las tres capas.

DISEÑO DEL «PATCHWORK»

CORTAR

1. Si no se utiliza un *layer caker* (paquete de cuadrados coordinados y del mismo tamaño), habrá que cortar 20 cuadrados de 25,5 cm de las telas que se escojan.

2. Para el forro, cortar cuatro tiras a lo largo de la tela que midan 25,5 x 119,5 cm.

3. Para la guata, cortar cuatro tiras que midan 25,5 x 119,5 cm.

4. Para las bandas, cortar cuatro tiras de 2,75 cm de ancho por el largo de la tela. Después, cortar cuatro tiras con un ancho de 4,65 cm.

5. Para el ribete, cortar tiras de 6,5 cm de ancho por el largo de la tela.

COSER

1. Unir los 20 cuadrados de 25,5 cm por parejas.

2. Colocar las parejas de cuadrados con los lados derechos encontrados. Después, dibujar una línea diagonal por el revés de uno de los cuadrados, asegurándose de que vaya de esquina a esquina. Realizar dos costuras diagonales, cada una a 0,75 cm de la línea diagonal central. Repetir estos pasos con los diez pares de cuadrados.

3. Cortar a lo largo de la línea dibujada (figura **A**), abrir los dos triángulos y planchar hacia un lado.

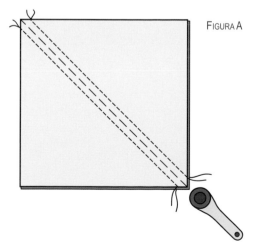

FIGURA A

4. Colocar dos de los cuadrados bicolores frente a frente, asegurándose de que las telas frente a las que estén sean diferentes. Dibujar una línea diagonal por el revés de uno de los cuadrados, formando una X con la diagonal que forma la costura.

Realizar dos costuras, una a cada lado de la línea dibujada, a 0,75 cm de esta, para conseguir cuadrados de cuatro triángulos. Repetir estos pasos con los diez pares de cuadrados.

5. Cortar a lo largo de la línea dibujada (figura **B**), separar las mitades y planchar. Los bloques tienen que medir 23,5 cm de lado.

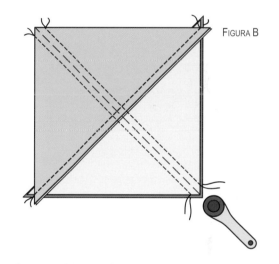

FIGURA B

6. Coser los bloques formando cuatro tiras de cinco cuadrados cada una. Extender una de las tiras para la parte trasera del *patchwork* con el revés hacia arriba; después, extender una pieza de guata sobre esta. Añadir la tira de cinco cuadrados sobre ella, con el derecho hacia arriba. Sujetar las tres capas con alfileres o hilvanar (figura **C**). Repetir la misma operación con las cuatro tiras.

FIGURA C

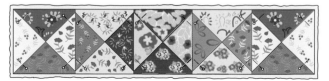

7. Acolchar a mano o a máquina.

BANDAS

1. Agrupar varias tiras hasta que las bandas sean bastante largas. Unirlas haciendo costuras en diagonal y planchar las costuras.

2. Doblar la tira de 4,75 cm de ancho por la mitad con el derecho de la tela hacia fuera y planchar.

3. Alinear los extremos de la tira de 2,75 cm de ancho con la primera de las tiras de cinco cuadrados del *patchwork*, con los lados derechos de las telas encontrados. Después, colocar el extremo de la tira que se acaba de doblar del revés, alineando los extremos. Sujetar con alfileres y coser las dos tiras a la vez a la primera fila del *patchwork*, dejando un margen de costura de 0,75 cm (figura **D**).

Figura D

4. Recortar los extremos de la banda para que se ajuste a la parte superior e inferior del *patchwork*.

5. Sujetar con alfileres y coser la segunda fila del *patchwork* al extremo sin rematar de la tira de 2,75 cm de ancho, con los lados derechos encontrados (figura **E**).

Figura E

NOTA Los bordes de los dos márgenes de costura se pueden unir en el centro de la tira. Si queda un hueco entre los dos bordes, aumentar el margen de costura. Pero, si los dos bordes se superponen, disminuir el margen de costura.

6. Continuar cosiendo las piezas y las bandas siguiendo los mismos pasos hasta que las cuatro piezas estén unidas.

7. Sujetar con alfileres el pliegue de cada banda a la parte trasera del *patchwork* para cubrir los márgenes de costura y, después, realizar una costura invisible a mano (figura **F**). También se puede coser a máquina.

Figura F

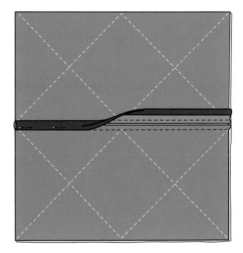

RIBETES

Coser el ribete con costuras en diagonal para hacer una tira continua y encajarla alrededor del *patchwork*, haciendo un ribete de doble pliegue, con las esquinas en inglete.

Otra versión

Cuando se use un paquete de *layer cake* se podrá hacer el diseño del *patchwork* por ambos lados del mismo, en lugar de comprar una tela que combine para la parte trasera, y así confeccionar una manta reversible. Existe multitud de modelos de telas para utilizar.

Barajar, cortar y repartir
diseñado por Marion Patterson

Me encanta utilizar esta técnica, pues el *patchwork* va aumentando de tamaño rápidamente y es ideal para usar retales que tengamos guardados. Se pueden combinar para obtener un resultado armonioso o ser totalmente diferentes. Diviértase con él.

Tamaño final

Aproximadamente 101 x 150 cm

Material

Todas las telas son 100% algodón

- **Para el cuerpo principal**
  ocho *fat quarters* u ocho piezas
  de tela de al menos
  43,5 cm²

- **Para los triángulos laterales
  y de las esquinas**
  Tela de un color que combine,
  1,15 m

- **Para la parte trasera**
  122 x 173 cm

- **Para los ribetes** 50 cm de
  tela de un color que combine

- **Guata** 122 x 173 cm

CORTAR

1. De las ocho telas que se escojan cortar ocho cuadrados de 43,5 x 43,5 cm. Barajar las telas sobre la base de corte con los lados derechos hacia arriba y cortarlas en ocho piezas. El primer corte tiene que ir de abajo a arriba del cuadrado; separar las dos mitades y cada una de ellas tendrá que cortarse en otras cuatro piezas. Usar la figura A como referencia, pero no hay por qué hacerlo igual.

2. Poner un trozo de papel bajo cada pieza y numerarla del 1 al 8, y con las letras D o I, para ver si va al lado derecho o izquierdo (figura **A**). Mezclar las piezas para obtener la mejor mezcla cromática, incluyendo ocho telas diferentes en cada bloque. Moverlas de la siguiente manera:

FIGURA A

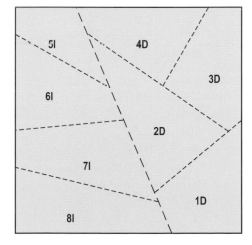

- Mover la pieza 1D a la parte inferior del montón.
- Mover las primeras dos piezas de 2D a la parte de abajo del montón.
- Mover las tres primeras piezas de 3D a la parte de abajo del montón.
- Mover las cuatro primeras piezas de 4D a la parte de abajo del montón.
- Mover las cinco primeras piezas de 5I a la parte de abajo del montón.
- Mover las seis primeras piezas de 6I a la parte de abajo del montón.
- Mover las siete primeras piezas de 7I a la parte de abajo del montón.
- No mover ninguna de las piezas de 8i.

DISEÑO DEL «PATCHWORK»

3. De la tela para los triángulos de las esquinas y los laterales cortar dos cuadrados de 53,5 cm. Después, cortar por la mitad en diagonal dos veces, para obtener ocho triángulos en total, de los cuales hay que utilizar seis (figura **B**).

FIGURA B

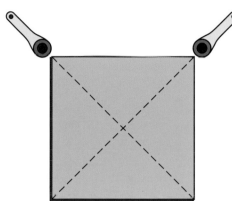

4. Cortar dos cuadrados de 27,3 cm y, después, cortar por la mitad diagonalmente para obtener cuatro triángulos (figura **C**).

FIGURA C

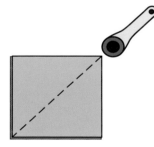

5. De la tela para los ribetes, cortar seis tiras de 6,5 cm de ancho por el largo de la tela.

COSER

1. Colocar los bloques en el orden contrario en el que se hayan cortado (ir planchando las costuras conforme se avance en la labor).

2. Sujetar con alfileres y coser la pieza 4D a la 3D a lo largo de la línea de corte (corte 3); después, sujetar con alfileres y coser las piezas 2D y 1D (cortes 2 y 1). De esta manera habremos completado el lado derecho de uno de los bloques.

3. Después, sujetar con alfileres y coser las piezas 8I y 7I a lo largo de la línea de corte (corte 6); después, sujetar con alfileres y coser las piezas 6I y 5I (cortes 5 y 4). Esto completará el lado izquierdo del bloque.

4. Si las dos mitades del bloque no forman un cuadrado uniforme al juntarlas, cortar los bordes para ajustarlo, de modo que se puedan unir bien las dos mitades.

5. Realizar los ocho bloques del *patchwork* siguiendo estos pasos. Una vez que todos los bloques estén cosidos y planchados, cortarlos para que tengan un tamaño final de 37 cm² (figura **D**).

FIGURA D

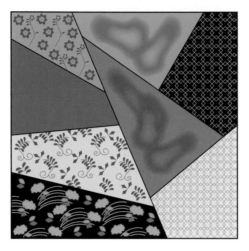

6. Siguiendo el plan de *patchwork* de la página anterior o la figura E, unir los triángulos de los laterales a los bloques. Coser las filas en diagonal y, luego, añadir los triángulos de las esquinas.

FIGURA E

PARA TERMINAR

1. Marcar el diseño del acolchado del *patchwork* en la parte delantera.

2. Extender el forro con el revés hacia arriba sobre una superficie lisa. Después, trabajando desde el centro hacia el exterior, poner la guata y la parte delantera del *patchwork*; esta última irá colocada con el derecho hacia arriba. Sujetar con alfileres; también se puede hilvanar para conseguir una mayor fijación. Hacer una cuadrícula, desde el centro hacia el exterior.

3. Coser, y acolchar a mano o a máquina.

RIBETES

Coseremos el ribete con costuras en diagonal para hacer una tira continua y encajarla alrededor del *patchwork*, haciendo un ribete de doble pliegue, con las esquinas en inglete.

Otra versión

Si se quisiera hacer un *patchwork* más grande, se podría añadir una cenefa alrededor para aumentar su tamaño. También se pueden añadir más bloques y cenefas, o hacer bloques que sean más grandes por sí mismos. Si se hiciera esto último, también habría que modificar el tamaño de los triángulos de los laterales y de las esquinas.

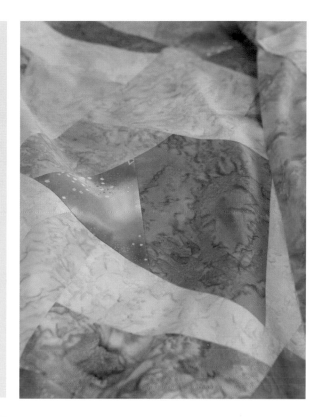

Índice